說服各種人的聰明問話術

內藤誼人◎著
鍾嘉惠◎譯

前言

你想要的「答案」，就該藏在「問題」裡

通常，很會說服他人的人，多半也很會問問題，對於用高明的問題，慢慢誘導對方照自己所希望的方向去執行，十分在行。比方說，善於提問的男生想約女生出去時，死也不會說：「下次要不要和我一起去吃個飯？」

因為用這種方式問女生，被拒絕的可能性極大。因此，他們會這樣說：

「如果想邀請妳吃飯，星期五和星期六，哪一天妳比較方便呢？」

此外，擅長問問題的業務員，都會用下列的問話術進行推銷：

客戶：「像我們這種小公司，幾乎沒有什麼添購設備的預算。」

業務員：「說的也是，不好意思。可是呢，抱歉，好像我在抓你語病似的，所謂『幾乎沒有』的意思是『有一些些』囉？」

客戶：「嗯，算是吧，真的就只是一點點啦。」

丟出好問題，誰都瞞不了你

那麼，要如何才能成為「問話高手」呢？如果想要知道這個祕密，請務必閱讀本書，因為本書介紹了大量幫助你成為「問話高手」的知識和技巧。

「居然有這種做法！」

「嗯～，原來如此，如果這樣說，任何人都會被說服了！」

「哇啊！真希望早點知道有這種方法！」

只要閱讀本書，就能獲得令你茅塞頓開的豐富知識，不論是誰都能輕易成為「問話高手」，連正在寫作中的我都不免讚嘆：「還有比這本更棒的書嗎？」

而且，這些知識好用到讓你一輩子都受用無窮，**只要學會問話的技巧，就能順著自己的心意操縱任何人，引出想要的答案，度過一帆風順的人生。**

各位讀者是不是開始有點心動，想一窺本書的內容呢？是不是也漸漸被勾引出興趣了呢？甚至越來越急著想要認識這套神奇心理術呢？

假如有這樣的念頭，那正是中了我的誘導術。我故意將文章寫得十分誘人，若承蒙閱讀本書，相信這樣的心理誘導伎倆，各位讀者也能輕而易舉的學會。

開場白就這樣吧！接著讓我們立刻進入正題。

內藤誼人

Chapter 1

把「答案」藏在問題裡

10個一定要知道的問話技術與禁忌

Chapter 2

最困難的事，用「問題」搞定

8個籠絡難搞對象的問話訣竅

Chapter 3

不討人厭的「神奇問話術」

10個發問時要遵守的原則

Chapter 4

這樣問，對方一定會「招供」

9個攻破心房的發問法

Chapter 5

如何用「問題」說服人？

收買人心的11種高明問話技巧

Chapter 6

「好問題」比命令更有效

9個最有效的情境活用問話術

Chapter 1

10個一定要知道的問話技術與禁忌

把「答案」藏在問題裡

技巧 1

別再問「你覺得如何？」之類的問題

開放式的問題，反而讓人不知該如何回答

每次在電視上看到政治人物舉辦記者會，我總是有種感覺，那就是「記者問的問題真是差勁啊！」同樣地，看談話性節目時也有相同感覺。如果你問我，究竟是覺得哪一個問題不好，我一定會說，就是「關於〇〇，您覺得如何？」這樣的問題。坦白說，這個問題非常籠統含糊，根本搞不清楚究竟要問什麼。

「關於教育，您覺得如何？」

「關於福利，您覺得如何？」

「關於稅金，您覺得如何？」

從回答者的角度來看，這樣的問題非常難回答。因為不明白發問者的意圖，所以只能回答得很抽象。雖然政治家向來給人滑頭的印象，常被人批評答非所問，但容我說一句，我認為那是因為記者問的問題本來就不理想。**發問時，基本上要問能回答「是」或「不是」的問題。**

例如，假設這裡有一台電腦，不能問「你覺得這台電腦怎麼樣？」因為對方無從回答起，必須問：

「你用過這台電腦嗎？」

「它好用嗎？」

「如果同一家廠商推出新的機種，你還會想買嗎？」

像這樣有「是」或「不是」等肯定答案的問題，對方便能夠輕易回答。此外，醫院和圖書館裡多半都設有意見箱，通常就是放一疊紙和幾支鉛筆，希望人們自由發表意見，問題則多為「關於這項設施，您有什麼看法呢？」等。由於問題籠統，讓人不知該如何回答，所以會去投書的人少之又少。

封閉式的問卷，看完才會想回答

其實，只要改變意見表的內容，將問題設計成問卷形式，就能讓人產生想回答的意願，如下：

「候診時間在可容忍的範圍內嗎？」

「護士的態度親切嗎？」

「醫師看診時，是否面帶笑容？」

發問時，以「覺得如何」的

問卷要清楚，不可籠統含糊

○

關於醫院的問卷調查

候診時間在可容忍的範圍內嗎？

護士的態度親切嗎？

醫師看診時，是否面帶笑容？

✕

關於醫院的問卷調查

對這家醫院，您有什麼看法？

形式，讓人自由表述的問題被歸類為「open question」（開放式問題），能直接回答「是」或「不是」的問題則歸為「closed question」（封閉式問題）。**基本上，採用封閉式的問法才正確，因為絕大多數的人對開放式的問題都回答不出來。**

設計問題時，絕不能採用「自由發表意見」或「感想」，一定要用封閉式的問題。提出讓對方「容易回答的問題」比什麼都重要。

技巧 2

發問時，記得要裝傻！

採用誤導性的問題，輕鬆操控他的答案

當我們在發問時，心裡是不是會懷有「希望他這樣回答」的期待呢？發問高手為了讓自己的期待成真，會故意扭曲問題，引導對方回答出對自己有利的結論，我們稱為「誤導性發問」。

一般來說，傳播媒體和學者可能顧及「立場中立」，才會問：「覺得如何？」這類抽象性的問題，可是這麼做便無法誘導出令自己滿意的答案，其實，**對方的反應是可以被「我方」引導的。**

美國費城伍西努斯大學的葛布里埃爾．普林賽普教授曾做過一項實驗，講述某

個故事給175個人聽，然後謊稱要做記憶測驗，問大家有關故事內容的問題。不過發問時，他故意用「違背事實的陳述」發問。

例如，故事中明明沒有「兔子吃掉紅蘿蔔」的內容，但採訪者假裝不知情地問：「兔子吃了什麼？紅蘿蔔？還是萵苣？」結果，90%的人都在兩者間擇一作答，僅僅只有10%的人能夠正確回答：「兔子什麼也沒吃。」

由此可知，**對方的反應會受到「我方問法」的影響，而大幅轉向。**

邊裝傻邊發問，誤導對方的想法

原本應該在月中之前匯款，可是當你想把期限延長到月底時，「咦？匯款日是月底對吧？」像這樣感覺有點裝傻地發問，就能誘導對方的思考轉向。假設你有個其實不想去的聚會之約，「你什麼時候要請我喝酒？可是我週末才有空……。」像這樣以「由對方請客」為前提發問，也是不錯的辦法。

總而言之，**「發問」就是在「誘導」**，只要能先理解這一點，就沒問題了。

誘導式的發問法，扭轉對方的反應

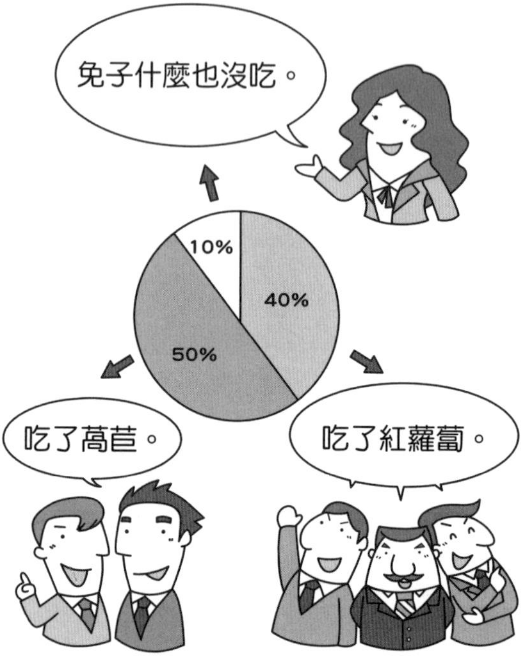

故事中明明沒有「兔子吃掉紅蘿蔔」的內容，但只要被對方有意地誘導性詢問：「兔子吃了紅蘿蔔還是萵苣？」絕大多數的人都會如同上圖，在兩者中擇一回答，只有10%的人能回答正確。

技巧

3

用問題當誘餌，影響他的答案

人容易被環境影響，「問題」能讓他說出你要的答案

絕大多數的人，包括你我，基本上都沒有自己的看法、感想、主張等，多半是被問到才會去思考。

「關於少子化，你怎麼看？」

「欸？少子化！呃……那個……，不好意思，我沒想過……。」

這樣的反應十分平常，感覺就是一般人的真心話。我們不是哲學家，不會過於深入思考事物，大部分的情況都是被別人問了一些問題後，才決定自己的態度和看法。因此，**只要善加誘導，就能盡情操縱對方的反應**。

「少子化的情況若繼續惡化，日本的國力當然會下滑。你不覺得這是非常嚴重的問題嗎？」

如果這樣問，恐怕大部分的人都會回答：「被你這麼一說，或許是吧！這個情況的確值得擔心。」

此外，優秀的服飾銷售員絕對不會問這樣的問題：「太太，怎麼樣啊？這件合您的意嗎？」而是會這樣問：「太太，您覺得如何？很出色的設計，是吧？」

這麼一來，客人大多都會回答：「是啊，真的很出色。」因為銷售員問了一個讓人不得不這樣回答的問題，這同樣也是誤導性發問。

誤導想法，他會說出錯的答案

我們原本就沒有自己的看法和感想，所以很多時候一旦被人以「〇〇是吧？」誘導，便馬上信服。正因如此，依自己期待的方向發問便非常重要。

再介紹另外一項關於誤導的心理學數據。科羅拉多大學的利維亞・吉爾斯托拉普博士曾播放一段2分鐘的影片給在場的人看，內容為一名身著紅襯衫的男子在彈吉他。影片結束後，將所有人分成3組，各自問以下的問題：

誘導性問題↓「男子穿的衣服，是紅色的嗎？」

誤導性問題↓「男子穿的衣服，是藍色的，對吧？」

中立問題↓「請告訴我，男子穿著的衣服樣式。」

被問「中立問題」的小組，正確回答出「紅色」的比例很高，而被問誤導性問題的那一組，答對率則降低。這證明了只要遭到誤導，就算是才看過的影片內容，我們也會說出錯誤的答案。事實證明，**人類其實非常容易受到外來事物的影響。**

總而言之，人類並非皆擁有清楚的自我想法，所以很輕易就被誤導。或許你會想，「一旦有了試圖誤導他人的念頭，難道不會被對方識破？」請放心，這完全是杞人憂天，九成以上的人都不會察覺到的。

技巧 4

把「答案」偷偷藏在「問題」裡

把「答案」置入問題裡，讓他依你所想的回答

大部分的人都沒有自己的看法，無論是關於政治、經濟、教育或文學，絕大多數的人都沒有意見、感想。因此，當被問到：「關於〇〇，你覺得怎麼樣？」之類的問題時，其實會感到非常困擾，因為自己原本就沒有堅定的看法。

「你覺得嚴格管教小孩比較好嗎？還是寵愛比較好？」

就算被這樣問到，大多數人也只能回答：「這個嘛……怎麼說呢？」被問到：「日圓升值比較好？還是貶值比較好？」「這個嘛……沒辦法肯定地說耶……。」大多數的意見都是如此。

無關聰明或愚昧，人類對事物就是沒有「明確的看法」，就連這麼說的我，看法也並不堅定。基本上，本來就不該問別人對事情的看法。**一開始就沒有的東西，就算你試圖將它引出來也是不可能的，這就叫做「無中生有」。**

在問題中置入想得到的答案，誘導對方回答

英國肯特州立大學的馬利亞．扎拉貢扎博士曾讓98名大學生觀看8分鐘的迪士尼電影，然後問大家：「迪雷尼摔倒時，膝蓋流血了，對吧？」結果，大部分的人都會回答：「沒錯，是膝蓋。」實際上，迪雷尼根本沒有流血，即使遭人刻意「置入」，我們也不自覺地就接受了。

另外，美國田納西州克里斯蒂恩兄弟大學的布萊恩．巴儂博士讓30名大學生觀看5分鐘的日常情景影片，事後並提問：「華勒斯在葛洛米特要出門時，對他說了什麼話？」事實上，葛洛米特出門時，華勒斯一句話也沒說。

這樣的發問方式，宛如對學生置入「華勒斯有對葛洛米特說話」的內容。結

果，竟然有77%的人都自行幫他杜撰「等我一下」、「別走」之類的台詞。

看法要用「置入」的，若希望對方照自己的想法回答，在發問時就需偷偷置入希望從對方口中引出的答案。我們的大腦極不精確，只要被技巧性地置入特定內容後，就會開始偏向與其一致的方向。只要能了解這個道理，就能輕易地誤導對方的思想。

「我覺得星巴克的焦糖瑪奇朵很好喝，你呢？」這問題中置入了「好喝」這樣的字眼，因此，大多數的人都會受到影響，只會說出被暗示的答案。

技巧

5

大膽問，能改變一個人

人的立場多半不堅定，「問題」能扭轉他的行為或想法

原本完全不運動的人，如果被別人問到：「你想嘗試看看哪一種運動呢？」便漸漸覺得有種「做運動也不錯」的心情。尤其是對於自己覺得無所謂、毫不關心的事，更容易出現這樣的現象。

根據紐約大學的維奇．莫華茲副教授所發表的研究數據顯示，對沒有考慮購買汽車和電腦等產品的人詢問：「你預定在6個月以內買車（或電腦）嗎？」結果發現，相較於沒有被詢問的人，有被詢問者，之後買車（或電腦）的機率比較高。

有時候，**只要被他人詢問，就算原本不是這樣想，也會因被問而想要那麼做**。

像我原來只喝啤酒和威士忌，但自從有人問我：「內藤老師不喝燒酒嗎？」之後我也開始喝燒酒了。因為被問到，才使我去思考「我為什麼不喝燒酒？」，也不是有什麼了不起的反對理由，於是就決定喝了。

用「問題」當餌，促使對方改變行為

通常人們不會頑固地堅守某種看法和信念，我們只會抱持一種十分飄搖不定、隨便的態度。正因如此，因他人的發問而促使我們的行動改變，也並不稀奇。

再來談談我自己，大約4年前，一位插畫家朋友問我：「園藝很有趣唷，你為何不玩玩看？」於是不得已開始種花弄草，一試之下，真的很有趣。在那之後，我的興趣又多了一項園藝。

對於對方的問題和邀約，當我們沒有特別的理由要拒絕時，很自然地就會接受。清楚擁有自己的看法和態度的人，幾乎不存在。所以，每當有人問到相關問題，只要在背後推一把，我們就會非常輕易地任對方擺佈。

技巧

6

問話時施壓，讓他不自覺地照單全收

像警察在偵訊套話，問出想要的答案

警察在偵訊時，經常可看到這樣的畫面，即使對方是清白的，但只要不斷地對他嘮叨：「是你幹的吧？」、「喂，你幹的對吧？」不久，對方就會因為被問題疲勞轟炸，而說出：「對，是我幹的。」做出不實自白。

據說有時候，即使嫌疑犯在電車內沒有對他人性騷擾，但警察會用「你的手是不是曾經不知不覺就碰到了？」或「不是故意的，但偶然間就摸到了，不是嗎？」等問題，強迫對方承認，簡直就是「誣陷」。

我們一旦遭到強硬施壓，有時會陷入一種自己也不甚明瞭的恐慌狀態，對於對

方的主張會照單全收。美國心理學家S・卡森博士曾經做過一項實驗，他讓參加實驗的人按照指示以一定的速度將資料輸入電腦。

不過，在交代注意事項時他再三叮嚀：「按到ALT鍵，資料就會全部不見，所以絕對不能按那個鍵。」在開始後不久，電腦就突然當機了，其實這是事先設定好的。參加者全都因電腦突然當機而感到驚慌，雖然並沒有人按下ALT鍵。

這時，實驗人員開始質問參加者：「你是不是按了ALT鍵？」、「你的手指，不知不覺就碰到了，不是嗎？」結果，竟然多達69%的人都承認自己按了ALT鍵，儘管他們完全不記得有這麼一回事。

而且實驗顯示，如果問他們「怎麼按到的？」他們甚至會捏造「就像……這種感覺，小指就……」等虛假的記憶。總之就是承認「是我幹的」。

由於人性是懦弱的，即使沒按也會承認自己按了「ALT」鍵

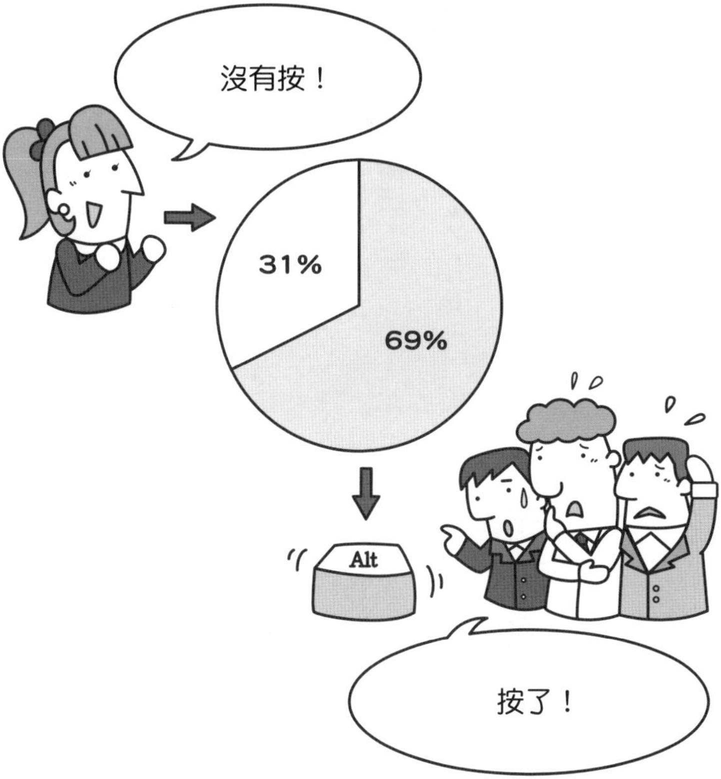

我們一旦遭到強硬施壓，會陷入莫名恐慌，就算沒有做的事，也會因對方的態度強硬而承認有做。

不斷施壓，就能逼迫對方接受或改變

人類在他人的不斷施壓下，就會同意對方的話。雖然感到害怕，但大多數人都會這麼做。各位讀者在看到冤獄的新聞時，或許會感到不解，「為什麼要承認自己沒做過的事？」就連這麼說的我也一直有這樣的疑惑。

不過，我認為若我是當事人，恐怕也會承認自己不曾做過的事吧！這就是人類，一旦被人不斷施壓，即使沒做，往往也會招認。**要說服一個人，以稍微強硬的態度逼迫，也是一個辦法。**

「你很想當這個計畫的負責人，是吧？從以前就很想當了，不是嗎？我說的沒錯吧？」若是以這樣的問題「強迫推銷」，對方一定會在迫不得已的狀況下，默默的接受。

技巧

7

改變答案，關鍵在「怎麼問」！

「問題」很重要，內容決定「他的回答」

ＮＨＫ的主播吉田隆嘉先生在其著作《開頭一句話就搞定》中，記載一段很有趣的描述。據吉田先生表示，ＮＨＫ的主播不僅要對自己的談話內容負責，還要為對方談話的內容和用語負責。

例如，當對方說出不適合或禁止在電視上播放的內容，進行採訪的主播就要負起責任。理由是，採訪對象的回答「有違常理」是採訪者的責任，因為他問了不合常理的問題。

要怎麼改變對方的回答都可以，就看「如何發問」。因此，ＮＨＫ的規定絕不算嚴苛，問題不合常理，理所當然會得到不合理的答案。只要稍微改變一下問法，對方的回答就會大不相同。比方說，如果希望對方的回覆充滿善意，就要用不同的問題誘導對方。

芝加哥羅耀拉大學的艾德溫．葛羅斯博士做過一個實驗。他向175名市民展示新發售的原子筆，然後詢問評價。不過，他的問法並非全然相同，對某些人問：「你喜歡這項產品的哪一點？」對其他人則問：「你討厭這項產品的哪一點？」

然後再問所有人：「會買這項產品嗎？」，結果，被問：「喜歡它哪裡？」的人有36.1%回答會買；被問：「討厭它哪裡？」的人，只有15.6%回答會買。

想聽到好答案，「怎麼問」是關鍵

只要改變遣辭用字，就能讓對方的反應大不相同。因此，當你希望對方回以善意的反應時，就該這麼問：

「你覺得我們公司哪一點能吸引你？」

「你覺得我的優點是什麼？」

此外，千萬不能問：

「請舉出我們公司失敗的地方？」

「你覺得我應該改進的缺點是什麼？」

因為詢問缺點或為什麼失敗等問題，一定會得到令人不愉快的答覆。**一旦問錯問題就會得到自己也不想聽到的答案，錯不在對方，而是提出問題的自己要負責，**這點一定要銘記在心。

技巧8

主動問：「您能幫我一個忙嗎？」

「不主動」當然收不到回應，被動的人永遠沒有糖吃

之前曾有一名育有兩名幼兒的母親投書到報紙，表示：「在英國，就算只是萍水相逢，人們都會幫忙不認識的人搬運嬰兒車上下階梯，但在日本卻不會，真傷腦筋。」這篇文章散發著濃濃的指責意味，感覺就像在說：「英國不愧是紳士之國，日本男人在這方面一點兒都不機靈。」

不過，我倒想問這位母親，為什麼不向附近的男性問一聲：「可以幫我搬嬰兒車嗎？」受到懷抱著兩名幼兒的女性請求，大部分的男性應該都會願意幫忙。自己不主動求助卻生氣，一點道理都沒有，不是嗎？

「這種小事還要人家說！」這樣的心情我能體會，可是我們並沒有能洞悉他人內心的超能力。何況，只要規規矩矩地拜託，相信滿懷善意的日本男性也都會樂意相助。重點在於，**要主動提出「希望別人採取行動」的要求，絕不能自己不出聲求助卻動不動就發脾氣。**

「真是的，我手下那幫人，沒交代的事就不做。」也有上司會這樣咒罵員工，但那是理所當然的事。在上司還沒指示前就先做了，反而會被解讀為「專斷獨行」，遭到訓斥。「沒指示就不做」原本就被認為理所當然。

希望對方照自己的話去做，首先就要不帶情緒地提出你的要求：「可以幫我一個忙嗎？」

這樣請求別人很困難嗎？應該不難吧！擅自認為別人會釋出善意，甚至抱怨對方沒依自己的期待去做，亂發脾氣，才是沒道理。

請求時不要感情用事，就能收到回應

哥倫比亞大學的法蘭西斯．弗萊茵博士建議我們：「如果需要援助，那就不帶情緒地提出請求。」這本來就是正常的態度。

「有人拿走公共檔案資料後沒有物歸原位。真是亂來！」與其這樣發怒，倒不如不帶情緒地說：「可以將用完的檔案資料放回原位嗎？」只要提醒兩、三次，相信對方就會照規矩歸還資料了。

根據弗萊茵博士的說法，大部分的人都充滿善意，只要不帶情緒地提出請求，就能得到令人滿意的結果。沒有說出請求就怒氣沖沖，根本就是搞不清楚狀況。美國有一則這樣的笑話，最後介紹給大家：

「湯米，你的成績很差耶，為什麼就不能像哥哥一樣拿高分呢？」

「可是，媽，妳又沒有要求我要拿到好成績，不是嗎？」

技巧
9
有求於人時，要「面帶笑容」

擺臭臉的人，永遠得不到幫忙

接續前一篇的話題，有事拜託別人時，「面帶微笑」是最基本的要求。只要笑容滿面、神情愉悅地請求別人：「可以幫我一個忙嗎？」大多數的人都會報以微笑地說：「好啊。」若是板著臉，或是愁眉苦臉，即使同樣的請求，恐怕對方也不會答應吧！

不管請求的內容為何，只要「笑容滿面」就會被對方接受。所以，善於請求的人，個個都有一張如彌勒佛般的臉。其實我也是如此，永遠笑瞇瞇，所以有事請求於人時，很少被拒絕。從小我就對自己的笑容很有自信，所以十之八九的請求都能獲得接受。因此，遇到有人找我商量「請別人幫忙，對方卻不理會」之類的問題時，我不禁感到疑惑，怎麼會這樣？

若是請求無效或請求的內容讓對方覺得負擔過重，被拒絕也是無可厚非的。可是假如非上述情況，但還是遭到拒絕，那一定是各位的臉很難看，不是長相難看，而是表情難看。**「笑容」是最重要的，希望大家在請求協助時，要保持燦爛的笑容。**

先露出笑容，對方也會投以微笑

美國博林格林州立大學的派翠西亞．博格博士做過一項研究，在7家飲食店偷偷觀察店員和客人間的行為。結果證實，只要店員面帶微笑，客人也會跟著展露歡顏。笑容就是這樣具有感染力。

首先，**自己要先露出笑容，才能引出對方的笑容。**「那家公司的負責人員隨時都擺張臭臉，真是沒輒。」雖然常有人這樣感嘆，但這並非對方的錯，是沒能使對方展露笑容的你要負責的。

就我而言，無論對方的表情有多臭，我都會用最燦爛的笑容面對他，只要5分鐘，我就能讓他露出笑容。只要面帶微笑，對方也很難再板張臭臉。不論是邀約朋友聚餐，或是召募活動參加者，當你做任何請求時，千萬不能忘記「面帶微笑」。滿臉笑意地說聲：「拜託！」對方便會笑著回以：「我很忙耶，真拿你沒辦法。」

當我們在等捷運或公車時，只要有空檔，不妨多練習微笑。我即使在公車上拉著吊環搖搖晃晃時，偶爾也會練習微笑，保有練習的習慣，就能在緊要關頭時露出無與倫比的笑容。

技巧10 同樣的問題，要用不一樣的問法

用他容易接受的方法詢問，換來好答案

美國密西根大學有位名叫麥柯尼爾的博士，他對「渦蟲」這種動物是否有記憶十分感興趣。若需要研究渦蟲，則需要相當多的研究費用。於是，麥柯尼爾博士試圖請求國家援助，向政府申請研究經費。

「我認為渦蟲也有記憶，因此，能提供研究費用給我嗎？」不料，他卻得到一句「哪有這麼蠢的研究」就否絕了。政府覺得這研究實在太過愚蠢，沒道理出錢。

麥柯尼爾博士想破了頭，最後想到一招，這回他這樣向政府提出申請：「有研究者提出『渦蟲也有記憶』的荒謬主張，非常值得懷疑。因此，可否允許我進行研

究以查明其真偽？」

據說這回政府同意了。同樣是請求「允許進行渦蟲的研究」，為何前者被駁回，後者被接受呢？理由是，**後者以「對方容易接受的方式」提出請求**。

換個方式說明，就能獲得同意

人們只會接受自己相信的事實，所以必須從對方相信的立場提出請求。從麥柯尼爾博士的角度來看，只要政府願意提供研究經費就好，就算以「渦蟲沒有記憶」這樣相反的前提進行調查，他也完全不介意。

向客戶做簡報時也是如此。對方若是愛開玩笑的人，可以用這樣的方式發問：「這企畫無聊透頂，你感覺怎麼樣啊？」若是穩健踏實的人，不妨這樣問：「這企畫或許很保守，您意下如何？」哪怕是相同的企畫書，只要改變提出的方式，便能順利獲得對方同意。

不能將「自以為是」的想法強加於對方，因為我們不知道自己覺得正確的事，

對方是否也同樣這麼認為。相反的，我們反而必須隨時保有「站在對方立場思考」的第三者觀點才行。

只要改變「說法」，即使問題的內容相同，也能讓對方從原先的否定，到很爽快地答應。

Column 1

與其講話「有條理」，不如學會問題

中國古代有一則歷史故事，講述齊國要攻打魯國，魯國派出聰明且善於雄辯的子貢（孔子的高徒）為使者，去說服齊國停止攻打。不過，據說齊國這樣回答：

「你的話確實句句成理，但我們想要的是領土，你所說的都不重要。」

這個故事顯示出，就算理由聽起來條理分明、合乎道理，卻完全派不上用場。難不成只要沒學過正統的邏輯學，就無法說動別人嗎？沒有學過三段辯證法、大前提、小前提等規則，就沒辦法說服別人嗎？當然沒這回事。

倒不如說，**「想要說服一個人，其實和邏輯完全無關」**。怎麼說呢？因為會讓人信服、感動的點多半與邏輯無關。我在大學時代也曾認真想要研究邏輯學，但上了一、兩堂課後，我領悟出一項真理，「不懂邏輯學，也能打動人心」。

不用邏輯判斷人性，而是要洞悉人心

談到這裡，我想到一則小故事。奧格雷索普將軍（James Oglethorpe，美國喬治亞州的創建者）想要取得英王喬治二世的許可，在美洲建立新的殖民地，因此他花了兩個星期的時間嘗試用「邏輯」說服英王。但英王不感興趣。於是，奧格雷索普改訴諸英王的人性，說盡各種「道理」。

對此，英王也絲毫不為所動；於是，奧格雷索普改變策略。

「陛下，您擁有許多殖民地，但沒有一個是以您的名字命名的。如何？何不取個跟陛下一樣的名字呢？」就這樣有了「喬治亞州」。奧格雷索普以刺激喬治二世自尊心的策略，順利獲得英王許可。

這個小故事告訴我們，人很容易被非常單純的理由給說服。

由此可知，為了說動他人而學習邏輯學，簡直是緣木求魚，因為人的行為往往「不合邏輯」。

Chapter 2

8個籠絡難搞對象的問話訣竅

最困難的事，用「問題」搞定

訣竅

1

「抓語病」問話術，能讓對方立刻閉嘴

若無其事，用他說過的話回擊他

當我們想要讓人閉嘴時，可以用對方過去曾說過的理由或證據回擊他。

「你說過這樣的話，對吧？」

「你以前不是贊成嗎？」

只要這樣質疑，大部分的人都會噤聲不語，這就是採用「抓語病」的策略。人都會希望自己能「始終如一」，因此，當自己以前說過的話被人當作理由提出時，為避免自相矛盾，通常不會再多說什麼。

加州州立大學的保羅．辛德勒博士指出，**「說話朝令夕改的人，會失去他人的**

信任」。因此，為了不讓他人有這樣的感覺，往往會不惜一切保持「一貫性」。

舉例來說，當上司說：「別害怕失敗，儘管去挑戰。」時，正是大好機會，能正大光明地去挑戰以前就很想做的新嘗試，更不必擔心後果。就算因失敗而為公司帶來麻煩，被上司追究責任也沒關係，只要引用上司的話就沒事了。

「〇〇部長，您不是要我們去『挑戰』嗎？」

「〇〇部長，您不是說過會『支持勇敢挑戰的人』嗎？」

如此一來，上司雖然火冒三丈，應該也會強忍住火氣說：「哦，是嗎？是這樣說沒錯……。」

理直氣壯地挑出語病，讓對方無法反擊

歷史上曾有過這樣的故事。有位魯國人三度跟隨君主出征，三度皆脫逃，孔子問其原因，他這樣回答：「我家有老父，如果我死了就沒有人可以奉養他。」孔子聽完後，有感於他是位孝子，便予以拔擢。

結果，據說魯國人民開始一個個臉不紅氣不喘地逃跑，不願出征。對於此現象，想必偉大如孔子也沒輒吧！因為是他先認為這樣的行為是對的，所以其他的魯國人當然也會仿效。如果有人對孔子說：「是你自己這樣說的啊！」挑他的語病，就算士兵逃離戰場，他也無話可說。

話雖如此，其實連我兒子也很會抓我的語病。當我露出平凡父親的一面，提醒兒子：「你別老是玩，也要稍微念點書。」時，兒子便會以：「你不是說『小孩就是要盡量玩』嗎？」反擊我。被他這麼一說，我也不得不閉嘴。

不過，使用這招時，**語氣要避免像在「嘲諷」**。要是嘻皮笑臉地用逗弄似的口吻說話，很可能會惹惱對方。**因此，想抓住他人的語病時，訣竅就是「始終保持認真的表情，理直氣壯地說話」。**

訣竅

2

讓情勢對自己有利，怎麼說？

不斷丟出問題，能迫使對方屈服

這是某位年輕的銀行分行長在就任時的故事。分行長是個30出頭的毛頭小子，其他資深行員在分行長來之前一直看輕他。不料，他一上任後，立刻在資深董事的面前連珠炮似地發問：

「一週拜訪A食品公司幾次？一個月平均幾次？」

「B製藥公司的員工開戶比例是多少？」

這些問題讓眾人啞口無言。據說因為這樣，從此不再有人把他當作不懂事的小伙子看待，這就是所謂的「先聲奪人」。**只要不斷扔出問題，讓對方答不出來，語**

無倫次，就能搶占上風。

根據北卡羅萊納大學的艾里森．弗拉格爾博士的說法，**若想在交談中讓人感受到你的影響力，那麼語氣上最好咄咄逼人，但要採用「發問」的形式進行。**最好要逼問到底，直到對方沉默不語為止。

電視上的談話性節目也是如此，辯論高手們在發問時，皆如連珠炮般接連不斷，如下：

「那件事你怎麼說？」

「關於這點你怎麼說？」

在不斷地追問之下，讓人無法回答，心裡也會產生「不過爾爾」的感覺，以高高在上的姿態睥睨對手。

此外，也有不少有點壞心的大學教授會強烈質問學生，當成是一種捉弄。我也經常受到這樣的對待，由於常被惡整，所以我知道久了以後，人真的會開始覺得自己無能、心理受創，甚至好一陣子一蹶不振，在對方面前抬不起頭來。

想佔上風？質問時要打斷對方的回應

質問對方時，沒有必要等他回應，更重要的是，**一旦對方開始回應就要打斷他的話，甚至改變問題**，表現出很惹人厭的樣子，如下：

「關於那點已不重要，倒是對於○○你怎麼說？」

根據荷蘭烏特勒支大學所做的調查顯示，打斷對方談話，提出另一個話題的做法，也可以在心理上把對方逼入絕境。

因此，一旦對方講話結巴，說出：「呃，關於這點……」想開始回應時，便要立刻回以：「啊，那件事已經不重要了。」攔腰截斷對方的談話，讓他受到打擊。

此外，這一招雖然能有效折磨對方，但若做得太過火，很可能會讓他意志消沉、喪失鬥志，務必要格外小心。

訣竅

3

結束煩人的對話，怎麼開口？

不停地打岔，讓他自討沒趣地結束對話

要讓對方不再說話時，可以利用**「打斷對方說話」**、**「拚命插嘴」**、**「中途插入非必要問題」**等技巧，如下：

「前一陣子……」

「前一陣子是什麼時候？」

「我與公司的同事們……」

「同事們包含哪些人？」

「植松、田中、中島……」

「然後呢，怎麼了？」

像這樣一直打岔並發問，對方就會覺得很煩，而草草結束談話。要強制結束煩人的對話，這可說是非常好用的方法。

先前也曾談到，**像這樣攔腰打斷對方說話是在爭取「對話的主導權」**。運動也是如此，只要能一直主導比賽的進行，會遠比對手更容易贏得勝利。對話亦然，「如何掌握主導權」很重要，**而掌握主導權的方法就是「不停地發問，打斷對方說話」**，這樣就能輕易把主導權移向自己。

不停地打岔，能奪回主導權

根據位在奧地利東南部格拉茨大學的烏魯沙拉．亞森史塔特博士調查顯示，常常在對方說話時會強行打岔的人，具有「男子氣概」的特質。

因此，當會議中有人在陳述意見時，建議可以不停地打岔，擾亂對方的談話，如下：

「現在要宣布這次預備調查的結果……」

「等一下，這是什麼時候實施的調查？」

「呃，上個月……」

「啊，降下傾盆大雨的那天？」

「不，不是那天……」

只要不斷打岔他的談話，就能主導會議的進行。雖然感覺像是獨裁社長的作風，但就方法論而言，不妨養成這樣的說話風格。

「靜靜聆聽對方說話」是一種美德。不過，光是聽，有可能會在不知不覺中，陷入對方的節奏。若不想情勢演變至此，**談話時不妨適時提出一些非必要的問題，避免隨對方起舞。**

訣竅

4

希望獲得更多人的支持，怎麼表達？

詢問「有堅持反對的人嗎？」沒拒絕即表示贊成

在美國，「贊成」器官捐贈的人，據說已攀升到85%，但實際要求「簽署」時，僅有28%的人會簽名。明明表示「贊成」卻「拒絕實際捐贈」，雖然感覺很矛盾，但也並非不能體會他們的心情。認為器官捐贈是一件好事，但自己卻不願意，這是人之常情。

日本的器官捐贈數量與美國相似，也有「難以成長」的問題。可是在法國，竟然有高達99.91%的國民響應器官捐贈；波蘭有99.95%，匈牙利也有99.97%等，幾乎高達百分之百的捐贈率。這究竟是怎麼回事呢？

其實，器官捐贈率高及不高的國家，發問和回答的方式也大不相同。在美國和日本，對於「你願意捐贈器官嗎？」這樣的問題，只有回答「願意」的人會被登錄為捐贈者。

然而，在包括法國在內的高器官捐贈率國家，對於「你無論如何都拒絕捐贈器官嗎？」的問題，只要沒有寫明「是的，我不願意捐贈器官」，即視為「有意願捐

換個方式詢問，答案大不同

問法不同，得到的效果也不同

「這樣問，捐贈率當然低」

你願意捐贈器官嗎？ → 願意 **28%**

「這樣問，捐贈率一定高」

你無論如何都拒絕捐贈器官嗎？ → 捐贈器官也無妨 **99.91%**

贈器官」，而被登錄為捐贈者。所以才會有將近100%的國民被登錄為器官捐贈者。

只要沒刻意說不，就視為贊成

哥倫比亞大學的E．強森博士在發表於《科學》雜誌上的論文中指出，這種做法非常有效，**即「不刻意反對就視為贊成」的技巧**。

會議中若問大家：「各位贊成嗎？」很難整合所有人的意見。這時，不妨稍微改變問題：

「堅持反對的人可以舉手嗎？沒舉手就視為贊成，即同意這個提案。」

只要這樣發問，就能順利得到全體的贊同。

其實我們很難碰到真的完全堅持「反對」的人，所以能夠順利誘使所有人都「贊成」。大部分的人都會選擇保持中立，沒有人會故意唱反調，擾亂會議。

訣竅

5

開會的人數太多，怎麼討論？

5個人一組討論，節省時間又能避免七嘴八舌

一旦會議的出席者減少，需要溝通的情況也會減少。若是一大群人要商議事情，討論就會過於激烈，本來可以談成的事也會變得談不成。因此，**不管商議任何事，出席者都要越少越好。**

一九五四年，美國、英國與當時的南斯拉夫，為了交涉聯合國託管下的的里雅斯特（Trieste）一事而舉行協商，但卻陷入僵局。為了能夠有進展，便以團體對團體的形式進行協商，情況逐漸不可收拾。於是，各國代表團的團長下令大批團員返國，開始在私人宅邸會晤，此後協商才有進展。

開會也是如此，若想讓會議順暢進行，人數最多不要超過10人。一旦超過10人，「討論」便無法進行，還會引發爭吵、互扯後腿等事情。

基本上，協商最好在「人數少」的情況下進行，才能產生具有建設性的討論。出席者越多，發言的人數便受限，甚至有人連一句話都沒辦法說到。

蘇格蘭格拉斯哥大學的尼可拉斯．費士教授曾經讓5人或10人一組，以團體形式進行討論。結果發現，5人一組的團體，成員較能自由發言，人數一旦增加到10人，就一定會出現特別愛說話的成員，獨占發言機會。

先分組再討論，別讓所有人同時發言

團體的人數一旦太多，會形成只有愛說話的人在一枝獨秀，其餘的人容易變成聽眾。有話想問卻沒辦法問，容易讓人感到不滿，一旦感到不滿意，連雞毛蒜皮的小事也會反對。

即使覺得「好想發問」，但在大庭廣眾之下，反而要對自己的意見有所保留。

相對地，吞吞吐吐的情況也會變多，因為我們對於在眾人前陳述意見會感到害羞。

非不得已要一大群人一起討論時，不妨先分成數組，例如，不要100人同時陳述自己的意見，而是先5人一組，分成20個小組討論，最後全體成員再一起比較各組提出的意見，協調出結論。這樣會讓討論熱絡許多，也比較節省時間，還能讓所有參與者都心滿意足。

訣竅

6

碰到故意刁難的問題，怎麼回答？

以「事實」反駁，讓他自討沒趣

當遇到明顯感覺是故意刁難的問題時，淡淡地以「事實」回答就好。重點是，不能過於激動，要徹底做到「單純地傳達事實」。絕不能反脣相譏，因為要是異於平常，摻雜私人情緒在內，在對話的過程中，怒火就會越燒越旺，務必要嚴格節制。

在此，我舉個例子說明，下列是A與B的對話：

A：「你們部門的出勤率很低哦！你的管理難道沒有問題嗎？」

B：「和其他部門的平均值相比，確實低了0.5％。但我不認為這件事和管理不善有關係。」

A：「你就別再狡辯了。出勤率低就是證據確鑿了，不是嗎？」

B：「不，出勤率低的只有2月和7月，其餘月分都高於其他部門的平均值哦！」

A：「那又怎樣？」

B：「這部分只要調查一下就知道，缺勤都集中在部門內幾位特定的女員工上。她們都在念夜校，考試集中在2月和7月，才不得已要請假。」

A：「可是管理不善這點並沒有改變。」

B：「員工念夜校是經過公司允許的，工會也同意。」

A：「就算出勤率高，生產力下降也沒有用。」

B：「那是因為她們想要彌補請假時少做的部分，拚命努力趕工，所以這2個月的生產力反而比其他月分高。」

A：「……」

由此可見，**以「沉著的態度」對付故意刁難的問題最有效。**

徹底了解事實，有助反將對方一軍

根據華盛頓大學的約翰．高特曼教授的說法，若對方以「否定性語言」開啟對話，我方也以「否定性字眼」回應時，就會引發「火氣上升」的現象，使得關係越來越惡劣。

為避免事態演變至此，**無論對方多激烈反駁，都要委婉地回應**。因此，只要「陳述事實」即可。如果不知道事實怎麼辦？簡單地回應一句「我查一下」就好。如果對方跟你說：「**出勤率下降了！**」你只要說：「知道了，我會查一下。」這樣就好，不必認真去爭辯。

不論遇到多居心不良的問題，以「關於這一點，實際情況我還不了解，容我趕緊調查」為藉口脫身，也是一個辦法。此外，**當你完全掌握事實時，就是「將對方徹底擊垮」的最好時機**。

訣竅 7

一直無法說服對方，怎麼辦？

當說服超過3次仍未果，不妨先放棄

「你覺得男人和女人，誰比較會開車？」

某項心理學實驗曾經提出這樣的問題讓大家討論。過了15分鐘後，討論暫時中止，然後再問同樣的問題。結果得知，幾乎所有人都維持原來的看法。換句話說，剛才的15分鐘討論完全徒勞無功，大部分的人還是會堅持自己最初的看法。

而且，即使實驗者問大家：「希望從對方那裡學到什麼？」，幾乎所有人都還是會回答：「沒有。」結果，我們既不想改變自己，也不希望改變，總是不自覺地拒絕會改變自己信念和看法的知識。前面我曾提到「人原本就沒有自己的看法」，

可是一旦有了自己的看法後就很難被改變，這也是事實。

因此，若嘗試說服對方2、3次之後，對方依然不為所動，也許最好暫時冷卻，不要過度施壓。等經過長一點的時間，而不只是短短15分鐘後，對方的想法或許會有所改變。

「為什麼你就是不明白！」這種憤慨的心情我能體會，不過，說再多恐怕也只是浪費時間。

足球迷對著籃球迷狂熱地說：「足球難得踢進一分，所以欣賞兩隊互相爭奪那一分正是樂趣所在。」但期待雙方禮尚往來互相進球的籃球迷，大概無法理解吧！

再怎麼對他解釋也不能理解的人，表示你無法得到他的理解，這就是現實。

真的無法說服，也不要勉強

我因為擁有心理學家的頭銜，經常被問到下列問題：

「只要內藤老師出馬，任何人都會輕易地被您打動嗎？」

想當然耳，我怎麼可能會有這種能耐。我是那種跟太太吵架，10次裡有8次都會輸掉的人。

「在陰暗的地方看書有損視力。所以可以幫我開燈嗎？」

「很浪費電費耶。」

結果就是，我很容易就被輕易擺平。雖然沒有必要一開始就放棄，如果說過很多次還是不行，就沒有必要再多做爭辯，否則最後只會吵起來。

覺得「這傢伙沒望了！」而想要放棄的時機，必須由各位讀者自行判斷。若眼光精準，就不必乾著急，相對的，人際關係上的情感壓力也會大幅地減輕。

訣竅 8

對方就是不聽勸告，怎麼辦？

想說動一個人的時候，太過熱情會讓人「麻木」

如同俗話所說的「過猶不及」，很多事情做過頭並不好。想要說服他人時也是，太過熱情反而會慘遭失敗。根據美國普渡大學的研究結果顯示，政府舉辦越多促進健康的活動，反而帶來更多反效果。

其中一項就是「麻木化」。反覆舉辦促進健康的活動，慢慢地，人民對這樣的活動習以為常，反而容易輕忽健康。政府不斷宣傳「少抽菸」、「少喝酒」、「適度運動」，起初人民會覺得「有道理」，漸漸地，如果次數越來越多，不斷地被強迫看到相關訊息，會開始覺得煩人，慢慢地就會覺得「又來了」，而變得麻木。

此外，上司不斷催促部屬「幹活、幹活」，一開始部屬會牢牢放在心上，也會賣力工作，但久而久之就會覺得無所謂。一旦麻木，之後無論上司再怎麼聲嘶力竭地命令部屬，也不會有人肯輕易聽從。**要說服一個人時，太過熱情會讓人「麻木」。**

說服不需太過火，適可而止就好

前面建議大家若嘗試說服2、3次，對方依然我行我素，就要暫時冷卻，其實也是為了防止「人變得麻木」。做過頭而讓人感到厭煩時，何止是不願意行動，可能會讓對方根本「難以行動」。舉例而言，每天勸告吸菸者要戒菸，不過，越是這麼做，對方反而會故意不戒菸，將勸告的話當成耳邊風，甚至比之前更難勸戒。

我們在談論別人時總是能冷靜判斷，可是一旦談到自己，往往很難做到。比方說，當看到其他父母命令孩子要「用功念書，天天去補習」時，你會意識到「做得太過火會帶來反效果」，可是自己也還是毫不在乎地做著相同的事情。

要說服一個人採取行動時，不需太過積極，要適可而止，這點非常重要。

Column 2

「小問題」，也可能變成「大創意」

有個故事是這樣的，一名叫艾德溫．蘭德的人，有一次和女兒一同在森林裡散步，並用相機幫女兒拍照。「之後會洗成相片給妳。」當他這麼說完，女兒隨即問道：「為什麼不能馬上就看到相片呢？」對相機一知半解的女兒不知道沖洗相片的手續，才會覺得不能馬上看到相片很奇怪。

認為這個問題很有道理的蘭德開始投入研發，據說，拍立得相機就是這樣被開發出來的。由此可知，我們往往會拘泥於陳腐的常識，無法創新思維。因此，**當被別人問到簡單的小問題時，若自己無法順利回答，也要能坦然的說出：「經你這麼一說，確實如此。」而不是輕易否定它。**

關於自己身處的行業別，不管是習慣或工作程序等，由其他業界的人來看，當然會覺得有許多不合理之處。因此，被其他業界的朋友問到很簡單的問題時，不要只回答：「在我們這一行，這樣做是理所當然的。」**不妨以該問題為線索，尋找工作上創新的可能性。**

多聽別人的意見，特別是不同行業的人

美國的管理顧問R．康德一直告訴我們，**要盡量讓與自己行業無關的人進入經營團隊，會比較容易想出新的點子和商品。**不斷沿用傳承已久的舊習慣，自己也很難產生新的創意。被他人提問時，我們總是忍不住想要駁回對方的問題，然而，這樣的提問會帶給我們寶貴的啟示，輕易地捨棄就太可惜了。

活在常識中的人要打破常識，根本不可能會有結果，因此，才會特別邀請不受常識束縛的人，希望能從中獲得啟發。此外，也有經營者會找太太商量，從中得到新的意見。**傾聽與自己工作完全無關的人提出的問題，很多時候是很管用的。**

Chapter 3

10個發問時要遵守的原則

不討人厭的「神奇問話術」

原則 1

發問時，把對方的名字講出來

聽到自己的名字，會增加親切感

我們對自己的「名字」懷有強烈的情感，大部分的人都喜歡自己的名字，且有自信。不論在多麼喧囂、雜亂的大街上，只要有人呼叫自己的名字，一定能馬上注意到。即使在如酒會般吵雜的環境，我們都能清楚辨識自己的名字。

此外，匹茲堡大學的哈伯特．巴瑞博士曾試著分析作家查爾斯．狄更斯（Charles Dickens）所寫的14部小說裡出現的人物中，關於查爾斯或查理的描述（即與作者狄更斯相似名字的出場人物）。

結果發現，這些出場人物都被描寫成善於交際、具有幽默感，且最後都有圓滿的結局。這項調查證實了狄更斯在無意識中善意對待與自己名字相似的出場人物。

由於人類都很喜歡自己的名字，因此，**發問時一定要盡量叫出對方的名字**。其實我自己也是，在聽到問題中有我的名字時，心情會比較愉快，也變得較多話。

養成習慣，打招呼時記得叫名字

善於請求、發問，讓人感到舒服的人，都會很自然地在交談中不時叫出對方的名字。越是能不自覺地這樣與人交談，就越能成為說話高手。或許有人會不好意思直接叫名字，不過習慣成自然，一旦記住後便馬上試叫，就不會覺得難為情了。

最好的做法是，**打招呼的時候就加入對方的名字。例如，「小坂先生早安！」如此一來，就能化解直呼對方名字的遲疑和不安**。

別客氣，儘管直接叫名字吧！不但能取悅對方，甚至有助於提高自己在對方心中的評價。

原則

2

告知壞消息時，先問「你想聽嗎？」

先確認對方「想不想聽」，不可貿然就說

人類通常不願面對「對自己不利的消息」。美國貝勒醫學院的布萊恩．奇斯勒博士曾經讓73個人接受各種心理測驗，然後問他們：「你們想知道善意還是非善意的結果？」

結果，大部分的人都回答：「我只想知道善意的結果。」大家都不想聽到像是「你很遲鈍」或「你的腦袋瓜很不靈光」等，這類自己不喜歡的評價。

因此，**不中聽的話基本上不要說出來，萬一實在非說不可，也要先得到對方的允許再說，才能防止「突然告知」所導致的不愉快。**

「那個，有件事你可能聽了會不高興，怎麼樣？想聽我就告訴你，不想聽我就不說。」聽到這句話，即使真的不想聽也會被勾起興趣，很可能就會說：「你告訴我吧！」**只要使用迂迴的說法，大部分的人都會鼓起勇氣聆聽。**

事先確認他的意願，避免產生不愉快

一般來說，傳達壞消息的人大多會被對方討厭，但若事先確認過，便能防止這類的情況發生。此外，當你必須傳達的訊息內容是對方十分不想聽到的事時，最好再三確認後再說：

「你真的想聽？聽完後我想你會很不高興。即使這樣還是想聽嗎？無論如何都想聽？」

告知壞消息時，要經過再三確認，對方若執意想聽再告訴他。此外，因為有確認過對方的意願，他就算再生氣，也沒辦法對你發火。

原則

3

拜託他人時，記得要「先讚美」

多用好聽的話捧對方，自然得到善意回應

拜託他人幫忙時，不妨先輕輕挑起對方的自尊心，被激起自尊心的人會很樂意聽你的要求。**訣竅在於「要先誇獎對方，然後馬上提出請求」**。

「你比我厲害多了，可以幫我的忙嗎？」

「你的經驗比我豐富，可以教我一些訣竅嗎？」

如上述例子拜託他人，大部分的人都不會拒絕。為什麼呢？因為不好拒絕。

若對丈夫說：「你偶爾也做做菜有什麼關係？」會被丈夫理解成是在責難他不做家事，恐怕他也不會聽從吧。

不過，如果以「你的廚藝比我高明許多，偶爾也想品嘗一下你做的菜。」這樣拜託他，感覺丈夫很可能會喜出望外，雀躍地衝進廚房，努力展現他的好手藝，不是嗎？到頭來，單單一個請求方式便能決定結果的成敗。

不僅如此，善於請求的人，多半都會先激起對方的自尊心。據我從一位深受長輩疼愛，外號「老爹殺手」的朋友說，訣竅果然還是在於「如何誇獎對方」。而且，只要先誇獎，據說十之八九都不會被拒絕。

先讚美再請求幫忙，就不會被拒絕

我們都喜歡聽到別人讚美自己，沒有人聽到讚美會不高興，而且會產生一種心理反應，為了回饋讚美自己的人，對他說的話都會欣然聽從。

猶他州立大學的約翰·謝特博士發表的實驗數據顯示，在美容院對客人大量奉承、讚美可以獲得許多小費；讚美會產生如潤滑油般的作用，以獲得對方歡心。

最近的我，工作忙得暈頭轉向，即便如此，只要有人對我說：「這工作非內藤老師不行！我實在不敢交給其他人去做，請您務必要幫忙！」我就會欣然接下工作，哪怕只是客套話。**「被人稱讚」是一件愉快的事，孩子也是，越讚美越能培養出「企圖心」。**

原則 4

發問時要「識相」，別太白目

先仔細觀察對方的狀況，再開口

對剛吃完午餐，肚子還飽飽的後輩發出邀約：「有一家很好吃的義大利麵店，要不要現在一起去吃？」大概會被婉拒吧，因為後輩的肚子已經很飽了。要是在他餓到前胸貼後背時約他，再怎麼難吃的店，他都會欣然跟隨。

當我們對某樣事物懷有強烈渴望時，它在我們心中的價值就會比不渴望時高出許多，心理學上稱為「價值增大效應」。法國心理學家米格魯·布蘭鐸爾博士曾找來270名吸菸者進行實驗。由於實驗室禁菸，所以他們不得不暫時忍住菸癮。

實驗結束後，詢問：「謝禮是錢或香菸，二選一，你要哪一樣？」時，因為過度隱忍而對香菸懷抱強烈欲望，導致他們寧可選擇香菸不選錢。由於被迫禁菸，香菸的價值頓時大增。

另外，還有一項這樣的實驗。詢問在健身房鍛練體能的人：「如果遠足時不小心迷路，身上沒水也沒有糧食，你覺得飢餓和口渴哪一樣最難以忍受？」

結果，剛結束訓練的人中，有92%的人回答：「口渴。」訓練前，則只有61%的人如此回答。此項數據顯示，口渴時，水的價值會提高。

環境一旦改變，對事物的看法也不同

如果問我究竟想要表達什麼？那就是「**提出請求時要仔細觀察對方的狀況**」。沒仔細觀察就拜託別人幫忙，失敗的可能性會提高。對一個工作狂要求「請跟我交往」，恐怕會遭到拒絕吧！因為他眼裡只有工作，對「戀愛」毫無感覺。

工作滿檔的暢銷作家只要案子不有趣就不接，因為手上還有許多工作，必須取捨。可是，如果是一位沒工作的作家，再怎麼無趣的工作也會渴望弄到手吧！

我曾讀過某位富豪的著作，書上寫了一段話：「貧窮時是那麼的渴望財富；一旦擁有了財富，卻完全不明白過去我為何如此渴望它。」**這證明不論是何種事物，皆會因為不同的狀況及背景，讓我們產生天差地別的看法。**

原則

5

窮追猛打的「囉嗦問」，不如不問

牢記八分飽原則，越不問他越主動

雖然本書的主要內容是在講述，透過「發問」促使人採取行動的方法。但這麼說可能有點自相矛盾，不過，**要說服一個人時，有時最好不要多說話**。

各位讀者小時候聽到母親在對自己叨念時，是否曾感覺囉唆呢？「吃飯了沒？」、「牙齒刷了沒？」、「功課寫完了沒？」是的，人只要被催促去做事，便會故意想反抗。同樣的情形也出現在「工作」上。

「跟對方聯絡了嗎？」當被如此詢問時，反而會故意想晚一點再聯絡；明明正準備開始寫論文，但只要被詢問：「論文寫好了嗎？」下意識就會想要往後推延，這就是人之常情。

根據在印第安那州立大學教臨床心理學的史都華．霍肯培里教授的說法，**多餘的探究會招致對方產生「心理上的反抗」，引起憤怒**。霍肯培里教授表示，以情侶為例，若被情人禁止做某些事，反而會特別想做遭到禁止的事。不過，若真的這麼做，就是在打草驚蛇了。

別一直管他，讓他有機會學習

因此，希望對方有所行動時，有時最好什麼話也別說。

「可是，一旦不管，他絕對不會去做！」

「嘮叨地唸他才會去做，如果什麼都不說，不知道會變成怎樣……。」

或許有人會這樣擔心，不過，我們實在不必為他人過度操心，因為與自己無關，最後要傷腦筋的還是他本人，所以務必要冷靜地看待。

「聯絡一旦延遲，會被罵的反正是那傢伙，不關我的事。」

若能這樣想，大概就會覺得事事操心很愚蠢吧！不必試圖當好人，愛管閒事過了頭就會變成單純的騷擾，所以別去管他就好。**一旦過度保護，對方便會對你的好意產生依賴**，所以嚴厲地不管他比較好。

況且，只要你不再嘮叨，對方也會開始學習自我行動，讓他自力學習比處處關心來得重要多了。

原則

6

問過就閉嘴，事情更順利

不再追問後，人反而會開始行動

「不多嘴干預，人就會動起來。」雖然我這麼說，或許還是會有讀者半信半疑。不過，這是真的。我在國二之前是個完全不念書的孩子，為什麼呢？因為母親對我的教育太過關注，引起我的反抗。不過，當我升上國二後，情況完全轉變，母親再也不管我了，可能是想放棄了吧？

「反正烏鴉窩裡也出不了鳳凰，期待太高也不能怎樣。」她是否這樣想過？我沒有詢問過，也無從得知。不過，從此之後她不再對我的課業叨念不休。神奇地，我卻是從那時開始用功念書的。現在的我更是好學不倦，甚至會好奇自己為什麼這麼喜歡學習，我想，是因為母親不再多嘴干預的關係吧！

根據《He &She Talk》的作者，薛洛夫（L．Schloff）和尤德金（M．Yudkin）的說法，「情侶之間互不多問反而能和睦相處」。雖然絕大多數的書上都寫著「要多多交談，互訴情感」，但根據他們的說法，似乎可以不必那麼努力，**「太過努力」反而會造成反效果。**

他們也介紹了一則小故事，如下：

曾有位太太每天晚上對著回到家的丈夫詢問：「喂，今天一整天過得怎麼樣？」

太太越是這樣問，與丈夫之間的關係就變得越不對勁。太太心想，這樣下去不行，便來找薛洛夫商量。薛洛夫要太太別再這樣打探先生的行為，先暫停一陣子。

結果，到了第三天，據說丈夫主動問太太：「喂，妳都不關心我的一天是怎麼過的嗎？」

別過度關心，不說話反而能更順利

當自己不再問東問西時，對方就會有所行動。工作上也是如此，**上司與其不斷關注部屬的行為，倒不如讓部屬照自己喜歡的方式去做，反而能提升生產力**。

愛荷華大學的瑪莉・巴拉克博士針對146名經理人調查，結果發現，「在工作上越能自律的人，其工作表現越好」。

「我如果沒有交代，那傢伙就什麼都不做。」

「我不唸他，他就做不好。」

會這麼想是因為「自以為是」，這是錯誤的認定。其實，對方也許很討厭被照顧，只是沒有說出來。有時候，**彼此不說話反而有利於事情的進展，會更順利**。

原則 7

無法直接說「不」時，也別斷然拒絕

先假裝贊成再拒絕，取得對方的原諒

有些時候，「對方的主張」我們沒辦法照單全收。話雖如此，直接拒絕又會讓對方的面子掛不住，我想，應該很多人都會心存顧忌，不好意思直接說「不」吧！

這種情況下，**暫時假裝「贊同」**，**再藉由「發問」婉轉拒絕。也就是由接納↓拒絕，採取兩階段的進攻。**

「原來如此，您說的話我100%認同。」↓**接納**

「不過現在先稍微觀察一下情況好嗎？」↓**拒絕**

「原來如此，這樣我可以接受。」↓**接納**

「可是，預算那一關過得了嗎？」↓**拒絕**

「不愧是〇〇課長。我絕對想不出這樣的點子。」↓**接納**

「不過關於〇〇，不知您的高見如何？」↓**拒絕**

依上述的方法暫時先接納對方的主張，就不會太傷人。

只要表面上明確表示「贊同」，之後即使發問時較嚴厲，對方還是會原諒你。

就像直接喝醋時會感覺難以下嚥，加入蜂蜜就能正常飲用。因此，這種做法又叫「醋與蜂蜜法」，就是將原本直接吃會很苦的藥包上一層糯米紙，便能輕鬆服用。

先接納再拒絕，就不惹人厭

當我想委婉拒絕不想做的企畫時，也時常受惠於這一招。

「這企畫很有趣哩，真想做做看。不過，公司內部已經同意這項企畫了嗎？什麼？還沒同意？這樣啊，那經過開會同意後，請再跟我聯絡。」用這種方式拒絕，對方就沒辦法生氣。重要的是，它是一種「不傷害人」的權宜之計。

加州州立大學的珍妮．弗羅拉博士說：「在人際關係上不能胡亂衝撞，需要有避免與對方衝突的調整能力。」**聰明人不會到處得罪人，為免傷害對方，就暫時先接納他吧！**

先誇獎對方，然後再小題大作似地稍微提出「質疑」即可。「我哪管得著會不會傷害對方。」這種多說無益的斷然拒絕法，我覺得很有男子氣概，並不討厭。但是，如果在任何時候都這樣做，總有一天會惹人厭。

沒有勇氣時，就用「醋與蜂蜜法」婉轉拒絕他人的請求吧！

原則

8

被要求評論他人時，千萬別猛說壞話

多讚美，不隨對方起舞就能明哲保身

美國南北戰爭時，南軍指揮官中有位羅伯特．李將軍。有一天，李將軍被人問到對某人的看法。對此，李將軍靜靜地回答：「我覺得他非常優秀。」不料這人卻一再追問：「可是他本人常常說你的壞話哦！你怎麼看這件事？」

這時李將軍的回答妙極了。他說：「你的問題是我怎麼看他這個人，而不是他怎麼看我，不是嗎？」李將軍沒有隨對方起舞，說別人的壞話。

各位讀者，**當你被要求評論他人時，也要學習李將軍，不輕易說人壞話**。

「你怎麼看我們社長？」

「你覺得A公司的〇〇先生怎麼樣?」

當被問到這類問題時,可別一不小心就輕率說出:「那小子最差勁了!」或「那傢伙好臭屁。」之類的話。俗話說「隔牆有耳」,你說的「壞話」一定會傳進他本人耳中,而且在傳遞過程中還會遭人往負面扭曲,防不勝防。

當有人要你評論他人時,最好的回答方式就是「明白讚美他」。「作為一個人,我很尊敬他」、「我很感激他」、「跟他比起來,我不過是個廢物」等等,最好誇獎到不會遭人誤解的程度。

「呃,他人不壞啦!」像這類模稜兩可的回應,一定會遭到惡意扭曲。

明白讚美對方,避免善意被惡意扭曲

明明有確實表示「他人不壞」,但經過中間人的傳達,便渲染成「我覺得他很壞」、「他是壞人」等,傳到本人時甚至發展成「可恨到想殺了他」的地步,這種事時有所聞。

根據康乃爾大學的湯馬斯·基洛維奇博士的說法，談話經過中間人傳遞後，會遭到相當程度的扭曲，這種現象經常發生。所以，當人在傳達模稜兩可的訊息時，曲解的程度會更加嚴重。因此，**為避免遭到扭曲，最好「明白讚美對方」**。

「評論與自己沒有直接關係的人物」也是一樣。即使被問到：「你對鳩山首相有何看法？」也應該回答：「我覺得他是位不錯的政治家。」為什麼呢？因為這樣的回答比較安全。

就算對方期待你口出惡言，**只要你秉持不隨之起舞的信念，人際關係上的排擠就會減少許多**。這世上就是有人會故意向你打小報告，離間你和朋友之間的感情。此時，記得最好靜靜地回答：「雖然這樣，但我還是喜歡他。」

原則
9
碰到愛抱怨的人，「讓他說」才是上策

先聽他訴苦20分鐘，再巧妙接話收場

有種人只要一開口，就是對他人的抱怨或中傷，像是「日本的政治沒救了」、「我們公司毫無價值」、「這一行沒有前途」、「日本的教育已經墮落」等等。當對方的話中帶有埋怨時，附和一句「就是啊！」是無妨，但基本上，**「不發問」才是正確的做法**。

「你說日本的政治沒救了，哪裡沒救了？」

「你說我們公司毫無價值，有何依據？」

要記住，千萬不能問這類問題，否則只會讓對方狠狠瞪你一眼。其實，抱怨的

人只是想發洩不滿的情緒，並不是為了什麼了不起的理由在抱怨。

「最近的年輕人都不讀書，真令人痛心。」對如此哀嘆的人要這樣回應：「那麼，你能指定20本書，作為現代年輕人的必讀書目嗎？」想必對方會無言以對吧！而且一定會對拋出這種問題的你感到「很不爽」。

會如此責備年輕人的年長者，大部分都只是對於年輕人將自己年少時讀過的經典名著棄之不顧，感到不高興，氣憤他們如此不尊敬自己的學識修養。

因此，我們大可當成是牢騷，隨便回應就好，如：「是啊，年輕人都不讀書，真是傷腦筋耶！」等等。

先聽他說20分鐘，再巧妙地換話題

此外，在某些情況下，最好別胡亂發問或深入追究。

美國雪城大學的約書亞．史密斯教授曾發表一項研究數據，他指出：「發洩不滿情緒長達20分鐘後，大部分的人都會覺得很爽快。」

所以，我們何不忍耐他20分鐘呢？**大部分的人發洩20分鐘後就會平靜下來，待對方的抱怨告一段落，再巧妙地讓談話圓滿收場。**或者，經過20分鐘後再看準時機轉換話題，如：「原來如此，前輩說的話我十分了解。不過我現在要談的是另一件事，您在學生時代有玩過什麼運動嗎？」像這樣巧妙地偷換話題。

當然，也可以早一點改變話題，不過，太早就試圖更換，很可能會讓被剝奪吐苦水機會的對方感到很哀怨。因此，我一直認為，「聽對方訴苦20分鐘」是身為成年人的一種體貼，各位不覺得很有道理嗎？

原則 10

別問「懂了嗎？」要不厭其煩地說明

大多數的人都會不懂裝懂，回答：「懂了。」

說明事情時，有人三兩下就簡單說完，然後詢問聽眾：「明白了嗎？」大部分的人都會回答：「明白了。」」，實際上，多半還是一知半解。

當我們被問到：「明白了嗎？」時，就會下意識地回答：「明白了。」」，以為回答「明白了」便可結束煩人的話題。這正好和小學老師上課時問學生：「大家懂了嗎？」全班同學隨即大聲回答：「是的，老師，我懂了。」的情況雷同。即使實際上什麼也不懂，也會不自覺地如此應答。

芝加哥大學保的亞茲．凱撒博士曾將80名學生分成聽、說兩組，命令負責說話組中的某位學生朗讀某篇文章。

之後，他詢問聆聽組：「你覺得聽眾能理解多少？」結果，說話組推測應能理解全文的72%。不過，在調查聆聽組的理解度時卻發現，只能理解全文的61%。

負責朗讀的學生自以為對方「應該能理解」，但實際上「意思」並沒有如他所想的完全傳達。**因此，當我們必須對他人說明時，要一而再再而三地反覆說明，而別只是詢問：「明白了嗎？」**

錯誤的「確認話術」，沒人聽得懂

反覆確認，確保不會有差錯

「雖然很煩人，但我要再說一次。」、「為慎重起見，一定要確認日期。」、「最後我再重複一次要點。」**必須一再地反覆確認，才能避免「沒被理解」。**

英國有一則這樣的笑話：「我認為2＋2等於4，你覺得呢？」這笑話是在嘲諷「英國人太過謹慎，事事都想要確認的性格」，但是，就是因為如此謹慎，才能凡事都放心。像如履薄冰般地小心謹慎，就不會發生嚴重失敗。

若只是匆匆說明一下，部屬不知道該怎麼做也是理所當然。所以，部屬會失敗，責任其實在於負責說明的人。因此，別再對自己「說明得不夠充分」之事置之不理，反而怪罪其他人。

Column 3

沒交情，別問太深入的問題

認識才5分鐘，突然就要去刺探對方的內心世界，是一件很危險的事。在尚未與對方建立一定的關係前，就算問了，對方也不會坦誠相告。

即使彼此已到達可以放心回應的關係，但面對素昧平生的人，我們也很難推心置腹。

「你的年收入是多少？」

「你每年的所得大約有多少？」

「告訴我你喜歡哪種類型的女人吧？」

在與對方還不熟悉時就詢問隱私問題，對方在心理上也會對你敬而遠之。

美國韋恩州立大學的卡爾曼．卡普蘭（Kalman Kaplan）博士曾對136名男性進行面試實驗。實驗進行時，面試官對一半的人問一些十分常見的問題，如：「去年大約感冒幾次？」、「週末會做什麼事？」等。但卻對另一半的人毫不客氣地問一些私密的問題，如：「你做過春夢嗎？」、「你在幾歲時初嘗禁果？」等等。

面試結束後，詢問他們對面試官的印象，評價皆非常低，因為對方不斷探究個人隱私。我們通常不喜歡被不太熟識的人問東問西，就算是善於發問的人，在剛認識的30分鐘內，也只會聊些司空見慣的話題。

不過度探人隱私，更別跨過界限

因為彼此並未心意相通，對方也會有所防備。一旦讓對方產生戒心，就算你問的問題平凡無奇，他也不會老實回答，這一點要特別注意。

若有想探詢的事，不必太害怕，直問無妨，但還是要注意界限，避免跨越。比方說，詢問：「有沒有男（女）朋友？」就還好，要是問到：「男（女）朋友叫什麼名字？」這類帶有徵信意味的問題時，就會讓人感到反感了。

不過，有時也要看對方的個性是否坦率。依我的經驗，只要有酒相伴，問什麼樣的問題都沒關係，**但若是處於正常且沒喝酒的狀態，最好還是別太過探究對方的隱私才是上策**。

Chapter 4

9個攻破心房的發問法

這樣問，對方一定會「招供」

方法

1

寄一封空白郵件，能確認對方的意願

若真的有興趣，收到後一定會主動詢問

「企畫書寄出去了，卻沒收到半點回音」，這是常有的事；「明明答應下週會回覆是否同意，但就是沒消沒息」，這種事也屢見不鮮。在工作上，經常會遇到這樣的冷處理。

這種時候，還傻傻的去問對方：「**那件事後來怎麼樣了？**」就是所謂的笨蛋。因為對方可能是為了不讓你丟臉，才故意用「不聯絡」來表達他的拒絕。

話雖如此，但也有可能只是單純忘記聯絡，所以大部分的人都會想要確認。

這種時候，不妨使用好用的「空白郵件法」吧！這是大衛．李伯曼（David Lieberman，美國人類行為和人際關係領域的專家）所提倡的技巧，**簡單來說就是寄一封「空白郵件」給對方**。

假如對方對你的企畫有興趣，勢必一定會回覆這封空白信件，內容可能寫著：「我收到一封空白郵件，到底是怎麼了？」也就是說，對方必定會「主動跟你聯絡」。既然收到對方寄來的信，你不妨再回寄一封信，內容寫著：「不好意思，我好像寄了一封空白郵件給您。對了，關於企畫案……。」這麼一來，就能問出你想問的事。

如果對方對你的企畫案一點興趣也沒有，那麼很遺憾，他就算收到空白郵件，也不會回覆。這時就要懂得放棄，再向別家公司提案吧！

留言給他，若沒回應就別再強求

此外，**「空白郵件法」也可以用來確認「已分手的對象是否願意和自己重修舊好」**。試著寄封空白郵件給已分手的他，倘若他回信了，信中寫著「你好像寄給我一封空白郵件，怎麼了？」那麼，或許有一絲絲破鏡重圓的可能性。

萬一，你連這樣的回覆也沒有收到，很遺憾，那就沒辦法復合了。因為對方無意重修舊好，所以連收到空白郵件都視而不見。

收到空白郵件的人多半心情會感到七上八下，因為很想知道信上到底寫了什麼內容。因此，只要對你還擁有一絲絲興趣，就一定會回覆。此外，這招也可以應用在「電話」上。

確認對方「不會接電話」的時機後，在對方的語音信箱或答錄機內留下這樣的訊息：「我等一下會再聯絡你。」然後就不再打任何電話。

對方因為苦等不到你的電話，反而會更想知道你要說的內容，甚至有可能會回電給你。萬一沒有回電，那麼很遺憾地，別再強求要恢復以往的關係，不妨到此為止吧！

方法 2

「你覺得如何？」不是高明的問法

利用「投影法」發問，當成別人的事來問，卸下他的心防

想要對方吐露真言或真實的感想時，問：「你覺得如何？」不能算是聰明的做法。怎麼說呢？因為人總是「太在意他人的評價」。

「如果我老實回答，他會怎麼想？」

「他會不會覺得我很奇怪？」

這樣的顧慮或不安會不斷在腦中出現，使人無法輕易地坦白說出意見。不過，會坦率陳述意見的人，如果不是純真，就是有點蠢。

據美國拉文大學的N．布伊博士表示，人類似乎非常在意「別人怎麼看我

們」，因此很難說出內心真正的想法。心理學上稱為「對評價的恐懼」。

一般人對於越隱私的問題，就越不願吐露真言。比方說，被問到：「你喜歡做愛嗎？」我們很難回答：「嗯，非常喜歡！」要是這樣說，可能會讓人覺得你非常熱衷於「性行為」。**發問的訣竅就是「當成別人的事來問」**，如下：

×「**你是個誠實的人嗎？**」

○「**你覺得大部分的人都誠實嗎？**」

×「**你好色嗎？**」

○「**你覺得男人普遍都好色嗎？**」

×「**你會說謊嗎？**」

○「**你覺得一般人都會說謊嗎？**」

這樣一來，對方就會認為「反正又不是在說我，是說一般人」，而放心回答。

雖然談論的是別人，但確實會反映出自己的意見，這就是「投影法」，也是警政單位在調查時常使用的方法。

更換問句中的主詞，一樣能問出真心話

當你詢問：「你贊成日本擴充軍備嗎？」但對方不肯說出真正的看法時，那就改變「主詞」這樣問：「如果是一般日本國民，會贊成日本擴充軍備嗎？」這麼一來，回答者就會放心說出答案，同時在答案中也反映了他的意見。

我與女性朋友們一起喝酒時，曾遇到有人向我訴苦：「真受不了男人……」，不過，這種情況下說的「男人」，多半不是指「全體男性」，而是那位女性的「男朋友」。如果她說：「容我代女性發言……」時，則十之八九都是她自己的意見。

我們總認為陳述的是「他人的意見」，但說穿了，其實還是「自己的意見」。

方法

3

降低問題的門檻，任何人都會輕易招供

請他「稍微透露一些」，他反而會講更多

要讓守口如瓶的人鬆口時，不妨問他：「在沒有阻礙下，希望你能說實話。」在商業談判中，如果交涉對象始終不談條件和給予重要情報，**但當你以「稍微透露一點嘛」的低姿態探詢時，對方的態度就會軟化，進而透露一些重要訊息。**

「○○先生也有自己的立場，想必有些話不能說，那也沒關係。但考慮我們多年來的交情，能說的部分是否方便告訴我？」只要這樣問，對方就會把洩露給你也無妨的訊息告訴你。

雖然對方還是會有所防備，開頭還是會說些無意義的話，不過，之後就會越說

越起勁，連原本不該說的話都會說出口，這種情況並不少見。報社或雜誌社的記者常常都是使用這個方法，取得名人或政治家對時事的評論。

就算請他們把「對○○的看法」統統講出來，他們也絕對不會說。不過，如果要求他們：「在可以說的範圍內，透露一些。」他們就會放鬆警戒，想說：「稍微透露一點沒關係吧。」而且，一旦開始說之後，談興大發，不小心便會說過頭，這就是「人性」。

用低姿態讓他卸下心防，說出答案

一般人被要求捐一萬元時會很猶豫，可是如果說「10塊錢也行」，就會隨便答應了。而且，一旦答應後，就會嫌「10塊錢太少了」，於是捐更多，此乃人之常情。

有話想要問時，不妨這樣請求對方：「講一點點就行了。」若能降低門檻，大部分的人都會回應：「真的就只是一點點喔。」然後等到察覺不對勁時，已經全盤托出了。平時想說服他人時，也可以用這個方法。

例如，要拜託同事加班時，只要說：「只有10分鐘也沒關係。」對方就會勉強同意留下來幫忙。而且，大部分都會奉陪到底，不會只留10分鐘。

此外，為想叫孩子去念書時，只要要求他：「坐在書桌前，5分鐘就好。」結果，你會發現，孩子好像不只念5分鐘，而是至少念了30分鐘。

方法4

二段式提問，引誘他說出真正的想法

先問理想答案再問現實狀況，讓他不知不覺說真話

當人們被問到：「你想跟什麼樣的人結婚啊？」這種極為普通的問題時，不少人會喋喋不休地講述他的理想情人，如：「溫柔、貌美、多金，啊！對了，當然還要比我年輕……。」之類的。人往往會過於樂觀，說大話，說出來的答案通常離現實有一段距離，並非實際的意見。

這種情況下，要如何引出更符合現實的答案呢？**不妨採用「二段式提問法」，先問「理想狀態」，再問「現實情況」，就能得到實際的答案**。

「二段式提問法」是由威斯康辛大學的羅賓．透納副教授所提出。透納副教

授直接詢問176名成年人：「下星期會運動幾次呢？」結果，得到平均「4.72次」的答案。接著再以「二段式提問法」詢問：

「理想狀態下，一週想運動幾次呢？」

「這樣啊，那麼實際上，大約運動幾次呢？」

結果，這種提問法得到平均「3.73次」的答案，而實際調查後，他們的運動次數平均為「3.33次」。也就是說，這樣的提問方式讓更接近現實的答案浮出。

先問假問題，再用真問題引出答案

若想誘使對方說出符合現實的意見，**不妨先用假問題（幌子）詢問他心目中的理想狀態。之後，再詢問你真正想知道的現實問題**，那麼，對方應該就會說真話。

當你詢問部屬：「希望拿到多少獎金？」他或許會回答：「100萬。」之類的理想數字；但如果以「二段式提問法」問他：「你理想中的獎金是多少？這樣啊，那實際上呢？」他肯定會說溜嘴，表示：「有10萬就謝天謝地了。」

「二段式提問法」能引出最實際的答案

〈第1階段〉＝問理想狀態

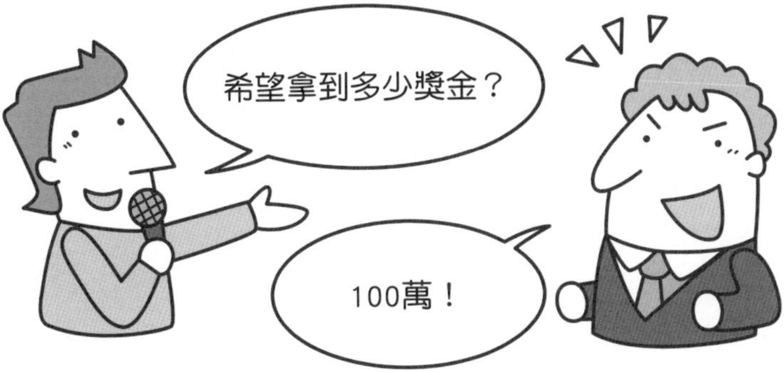

〈第2階段〉＝問實際情況

方法 5

問他「最壞的打算」，能聽到真心話

最糟的結果反而是「最接近現實的預測」

想要求對方做出實際的判斷時，還有另一種做法，即詢問「有無設想最壞的情況」。**當提出「如果接二連三發生最壞的情況，令人束手無策時」的假設，接著問對方：「這時，你會怎麼做？」**相信對方會告訴你最實際的意見。

加拿大西蒙菲莎大學的羅傑．布尤勒博士曾要求學生們交一篇論文，並要他們預測完成論文需要多少天。結果，學生們平均預測的天數為「33.9日」。接著，布尤勒博士問他們：「假設接二連三地發生突發事件，在這種情況下，你認為要多久才能寫完？」

學生回答：「大約需要48.6天吧！」那麼，學生們實際上花費多少時間寫完論文呢？經過實測後，實際上的完成天數是「55.5日」。

從布尤勒博士的調查數據可以看出，雖然已設想過最壞的情況，但之後依然做出比現實樂觀的判斷。因此，當你想要別人說出實際的意見時，請他告訴你設想的最壞情況，也是一個辦法。

人總是太過樂觀，最壞的情形反而接近事實

「在最壞的情況下，你覺得要花多少預算？」

「在回天乏術的狀況下，你覺得需要多少工作人員？」

「假設事情演變到進退兩難，會延遲多久才交貨呢？」

像這樣發問，才能從對方口中引出更實際的意見。為什麼呢？**因為只要讓對方設想最壞的情況，便能推翻他的樂觀預測**。

人在判斷時，遇到自己的事便往往看不清楚真相。明明無憑無據，卻總是不自

「預測」自己的狀況，容易太過樂觀

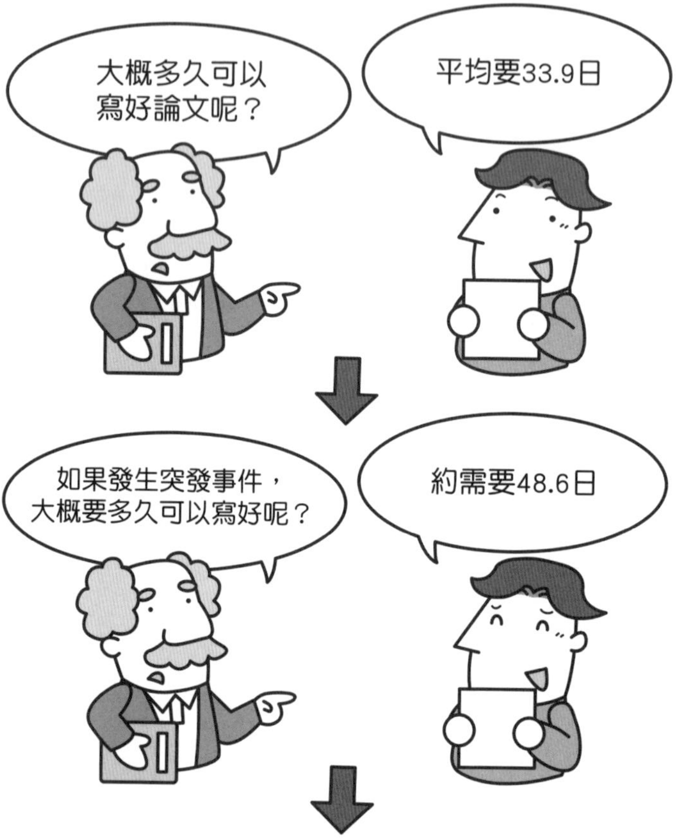

實際上，平均需要55.5日。我們通常會幫自己打高分，因此容易做出與現實脫節的判斷。

覺地做出樂觀預測，只要是人，都有這樣的毛病，不是對方的錯。

當詢問部屬對工作前景的判斷時，不妨問他：「假想中的最壞情況是？」若不這麼問，日後估計嚴重失誤時，可能就會輕率地以：「你這個沒用的傢伙！」為理由，怪罪部屬。

「預想最壞的情況」是聰明人的做法，而且，若事先能設想到，實際上也會較接近所想像的模樣。

方法
6
詢問時放低姿態，對方會主動全盤托出

說「不告訴我也沒關係」，他反而會全部說出來

當我看到資深記者不停追問藝人的嘴臉時，令我深惡痛絕，感覺不舒服。我也討厭看到記者對政治人物詢問十分不禮貌的問題，這種傲慢的態度令我相當反感。

「引發醜聞」固然有錯，再加上民眾對這類新聞最有興趣，記者身為傳播媒體的一份子，的確有報導的權利。再加上，身為公眾人物，隱私權也會受到限制，這些理由我並非不懂。但是，在情感上，我還是沒辦法喜歡表情冷漠，不斷質問受訪者的記者。

如果記者有權利提問，那麼名人應該也有「不回答的權利」。

提問時，若承認對方也有相同的權利，就不會問無禮的問題，重點是要「將心比心」。**尊重對方的立場，即使虛情假意地詢問：「若您不想回答可以不要回答。」他就會被你的低姿態打動，因而洩露意想不到的情報。**

故意說「不告訴我也沒關係」，讓他說出真相

硬要叫對方說出來，他反而會試圖反抗；可是，只要壓低姿態表示：「如果你不想說就別說，沒關係。」對方反而會主動讓步。人實在是種不可思議的動物。

美國德門學院的理查．辛巴洛博士將這種逆反現象命名為「諷刺效應」。拜託別人「教」或「幫忙」你時，其他人反而會故意不教或不協助。

我們也常會看見一種很諷刺的現象。當家裡養的狗脫逃時，只要主人追趕，狗就開始逃跑；反之，當主人轉身離開，狗反而會因為害怕被主人拋下，而自己跑過來。**人也是如此，就算有事要問對方，很多時候說：「你不告訴我也沒關係。」會比請求對方告知來得好。**

方法
7

聆聽時要專心，最忌不斷打岔

安靜地聽他說，不發問也能明白話中涵義

通常，我一個月要接受大約5到10家雜誌社的採訪。因此，我與許多採訪記者都能聊上幾句，但是，偶爾也會遇到聊不來的人。例如，我的話明明還沒說完，該記者就直接發問：「那個指的是○○嗎？也就是○○的意思嗎？」

這種人像在參加益智節目的搶答般，不斷急著推測我要說的話。一、二次還可以忍受，但每隔5分鐘就插話，不管是誰都受不了吧！明明閉嘴聽我說完就能不必發問，但大概等得不耐煩了，如同在餵狗時，狗無法等待時的急迫，教育徹底失敗。

「打岔」、「搶話」或「插話」的確也屬於說話技巧。談判或商談時，如果

對方沒有照著你的節奏進行，這種問話術就能派上用場。不過，當你在「聽別人說話」時，就不能這麼做。因為你的目的是「要聽對方說話，不是把他擊垮」。

伊利諾州立大學的蘇珊．史普瑞秋博士發表的一項研究數據顯示，**對於認真傾聽的人，我們會想再見到他；相反地，對於沒什麼在聽我們說話的人，我們會不想再見到他**。我也是如此，對於不停打斷我說話的人，我根本不想再到他。

專心聽，就算不插話也能清楚話中涵義

「話是這樣說沒錯，但聽對方說話時，若不邊聽邊問，又如何能知道自己是否有理解正確呢？」

或許有讀者會有這樣的疑惑。不過，我的意思不是不能發問，而是「不要頻頻插話、發問」。比方說，**若能等對方說完或是告一段落時詢問：「關於前面這段談話，我能問個問題嗎？」如此一來，就不會覺得是干擾，也是發問的正確態度**。

我在演講時，也常有聽眾會頻頻舉手發問，從主講人的角度來看，會很難講下

去。我雖然會以「稍後再一起接受大家的提問」輕易駁回，但是，為什麼要打斷別人的談話呢？實在難以理解。

別人說話時要靜靜地聽，如此一來，即使不特地發問也能理解話中的涵義。

方法 8

一開始就要問「你最想知道的事」

避免對方拐彎抹角，浪費彼此時間

某天，A先生對著心儀的女性詢問：「要不要一起吃頓飯？」對方回答：「好啊。」兩個星期後，A先生又問對方：「要不要一起去看場電影？」對方同樣回答：「好啊。」就這樣，兩人約會了半年左右後，A先生終於提出：「可以跟我交往嗎？」的請求。結果這位女性卻拒絕他：「對不起，我已經有男朋友了。」

從A先生的立場來看，大概會埋怨：「這種事怎麼不早說！」不過，在此之前，他卻一直沒有詢問這個問題，難道就沒有錯嗎？

假設有位賣房子的業務員，他詢問一對年輕夫妻：「有間新蓋好的特惠物件，有沒有興趣看看？」對方也許會說：「有啊！非常有興趣！」若再問：「房子大就是比較好，您說是吧？」對方大概會回答：「是啊，真的是這樣。」

可是，最重要的問題，也就是：「您有足夠的錢買房子嗎？」若是這麼問，想必業務員也能料到會得到令他失望的答覆。因為年輕夫妻不可能有這麼多存款。

一開始就問重點，不要往後拖延

我們發問時常常容易拐彎抹角，為了不浪費時間，一開始就要「問重點」。即使編輯拐彎抹角地問我：「內藤老師對這樣的題材有興趣嗎？」我還是會坦白告訴他：「有是有，可是我很忙，要到明年才有辦法寫。」

然後問他：「你想知道的是，我什麼時候可以寫，對吧？」如果不直接切入重點，這種迂迴到令人不耐煩的問話肯定沒完沒了，只是在浪費彼此的時間。半吊子的客氣就免了，想問的事，一開始就要先問。

據土耳其心理學家塞爾達．寇伊德瑪教授表示，個性越靦腆的人似乎越喜歡迂迴的說話方式。尤其是認為自己很內向的人，要特別注意。拐彎抹角地發問，得到的答案如果很滿意，就很容易產生期待，認為「搞不好會成功」。**期待越大，遭到拒絕時的失望就越大，心理創傷就越重。**為避免這種情況發生，一開始就該問最想知道的事，能把傷害降到最低。

方法

9

別想太多，越在意越要「問」

憋在心裡不說，容易胡思亂想、會錯意

我一直提醒大家，要養成「在意的事情要馬上問」的習慣。悶著頭一直想也不會知道答案，想知道的事，問本人最快。例如，假設你的女朋友最近都不打電話給你，你的心裡一定會感到煩悶，因此，最好趕快問女朋友：「妳不喜歡我了嗎？」不管女朋友的回答如何，至少得到了答案，遠比一直悶悶不樂要好得多。

或者，在工作上對後輩提出建言。**既然很想知道自己的話對後輩是否有幫助，「直接問」是最好的辦法。**詢問：「我的建議有幫助嗎？」，聽完後輩的答覆後，心裡肯定會舒服許多。雖然我覺得這是理所當然的事，但做不到的人還挺多的。

「老師，我想知道她真正的心意。請告訴我！」

「這種事請直接問本人。『請告訴我妳的心意』，這樣拜託她不就好了？怎麼會來問我呢？」

「老師，我搞不懂部屬心裡的想法。請告訴我他是怎麼想的！」

「我已經說過了，如果想知道部屬的感受，直接問他本人才對，是不是？為什麼會問我呢？你想知道的又不是我的感受，是部屬的感受，對吧？那為何不直接問他呢？」

這些都是我常被問到的問題，當我這樣回答他們時，他才會頓時清醒，大叫：「被您這麼一說，的確是這樣。」

大膽提問，就不需揣測他的心

根據天普大學的羅伯特．韋茲伯格博士表示，「當人有煩惱時，連最易簡單易懂的事都會忘記」，正是指這樣的情形。運用心理學，特別是讀心術的技巧，的確可能挖出內心的真實想法。不過，其實不用這麼麻煩，**只要發問，對方就會好好地回應你，根本不需偷偷摸摸地窺探別人的心意**。

想知道的事，只要開口問就好。對於「你真的愛我嗎？」這種問題，確實有可能因為害羞、難為情而不說實話，除此之外，沒有什麼不能說的。**別再獨自煩惱了，有話想問時就直接問本人吧！**

方法

10

大膽提問，總比不說話好

問錯話也是經驗，「沉默」只會讓場面更僵

「有話想問時，要馬上問」。一旦心想：「等一下再問好了。」到頭來常常會什麼都沒問到。

根據美國皇后大學的美琳達．哈伯博士的說法，有話想說卻默不作聲的人，溝通能力會日漸減弱，個性也會變得抑鬱寡歡。不但如此，哈伯博士還表示，態度忸怩、不說話，也容易讓對方的心情煩躁，感到不滿。

明明有話想問卻不問，不僅自己的心情會跌落谷底，也會讓對方生氣，大聲怒罵：「有什麼要問我的，就明說啊！」

因此，有話想說時，要馬上說出口。我即使擔心：「問這種事情會不會很冒昧？」也還是會提出。雖然書上常說，最好不要問過於私人的問題，但我其實不會太在意。

「沒想到○○先生是個花花公子？」

「○○先生一喝醉可不得了，是不是？」

像這種話，我也敢毫不在乎地問對方。

該說時就要說，沉默無法加強溝通能力

前面也曾提到，對於不熟識的人，要盡量避免詢問隱私的問題，但我和大家不一樣，我不但會問「女性的年齡」，連「第一份工作的薪水是多少」都會問。雖然問題內容和交情深淺有密切關係，但我的個性是只要感興趣，任何事情都想問。

嘮嘮叨叨地不停發問確實會惹對方討厭，不過只要在他表情稍有不悅時，就馬上乖乖道歉：「對不起，一不小心就越過底線了。」這樣就行了，沒什麼大不了。

真正的問題在於，「想說的話卻不說，想問的事卻不問」，而不是問了冒昧的問題。**如果想要磨練溝通能力，就是要「說話」。**

要說服自己，「沉默」沒有好處，總之，必須讓自己什麼話都能說出口。雖然有可能因為口無遮攔而踩到對方的底線，卻也是很好的經驗。曾經因為問的問題太過無禮而沒臉見人，倒也不是壞事，經驗是成長的肥料，就別太在意吧！

Column 4

想聽到「反對意見」，發問後先等10秒鐘

在會議中，當主席詢問：「有沒有什麼問題？」時，若無人立刻回應，主席可能就會說：「看來沒有問題，接下來……。」讓會議繼續進行。此外，業務員在詢問客戶：「有沒有什麼問題？」時，若對方沒有馬上回應，便會繼續說下去。

不過，我不太喜歡這種做法。為什麼呢？因為對方說不定有話想說，只是沒有說出口。提問後，要凝視對方的眼睛5到10秒鐘，保留這段時間很重要。**只要多等5到10秒鐘，對方可能就會說出想說的話。**

據多倫多大學的約翰．巴西里博士表示，當我們擔心「自己的意見是少數」時，在發言前需要一點時間，這叫做「少數派緩慢效應」。

當大家都贊成，只有你反對時，很難說出自己的意見。因為現場會瀰漫著「不

容許反對」的氛圍。在巴西里博士所做的實驗中，能夠快速回答的問題，答案都是大多數人會選擇的選項，屬於少數者的答案，則要花費2倍以上的時間回答。

因此，**想讓對方陳述反對意見時，就必須等待。**不能認為已詢問過對方，但他沒有馬上回答，就認為對方「沒意見」，要當作他正在猶豫要不要說出自己的意見。只要稍微等一下，他就會說出口了。

提問後等待3到5秒，對方會說出真正的答案

請別人吃點心時也是，說聲：「請用。」並將點心遞上前時，不能因為對方沒有馬上取用就判斷他不需要，便直接收回來。正常的情況是，**遞出點心後，要稍待片刻，對方才會取用**。

當有點心端到我面前時，即便心裡想「馬上取用」，我有時也會客套地說：「不用客氣。」予以婉拒。然後常常在心裡想著：「他就不會再殷勤一點嗎？如果他再熱絡些，我馬上就會吃的。」

我們有時因為太過顧慮對方的感受，在行為上會慢半拍。**因此，提問後給予對方思考答案的時間，等待3到5秒鐘，不要馬上就接著說，可說是種善意的表現。**

Chapter

5

收買人心的11種高明問話技巧

如何用「問題」說服人？

技巧 1

對努力的人先慰勞，而非質疑

就算不滿意，也要先道謝再提建議

當部屬賣力將資料整理成文件交給上司時；不料，上司瞥了一眼文件後，立刻對他說：「不能再整理得漂亮些嗎？」聽到這樣的話，你有什麼感受呢？假如我是部屬，大概會想揍上司一頓吧！因為他完全都沒有肯定我的努力成果。

美國巴布森學院的A．柯漢博士與布拉福德博士表示，**面對已努力過的人，首先要做的是慰勞他，而不是質疑他。就算覺得文件有些瑕疵，也不能一開始就表達不滿。**

「真是辛苦你了！」

「應該很累吧？」

用這樣的溫言軟語回報他。然後經過幾個小時或幾天之後，再問他：

「你幫我製作的資料，可以再追加一些圖表，讓內容更豐富嗎？」

如此一來，部屬也不會覺得受傷害。

別劈頭就質疑，看準時機再說話

當你拜託部屬打掃，在他打掃完畢後，必須先慰勞他，說聲：「謝謝，不好意思給你添麻煩了。」就算當時腦中浮現的是「打掃得真潦草」或「給我再掃仔細一點」之類的話，也不能馬上脫口而出，要稍後再說。

剛做完工作的人正處於「啊～結束了！」這種爽快的心理狀態中，此時若遭到對方處處刁難，原本的好心情會頓時煙消雲散。

要是我才剛寄出稿子，就遭到編輯批評「這裡不行，那裡不行」，而沒收到半句慰勞的話，我也會感到很洩氣。當我寫完稿子，心情正興奮時，最希望得到對方

對於剛完成工作的人，千萬不能劈頭就「懷疑」他

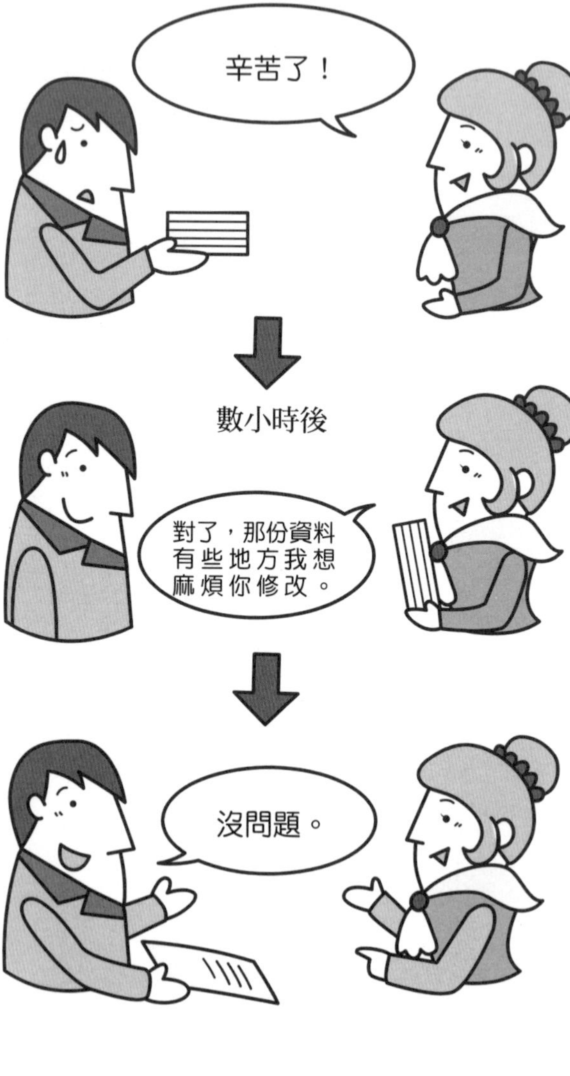

的慰勞和感謝，而不是七嘴八舌的品頭論足。

想提出「疑問」的心情我了能解，不過，要看準「時機」再問，我們不需要急著指出對方的缺失，不是嗎？

技巧

2

拜託他人幫忙時，要用「預告法」

先告知最壞結果，以免他心生不滿

「這份工作很簡單，可以請你快速地幫我完成嗎？」有時候禁不起拜託而接下時，多半都要開始做後，才發現不如想像中簡單，要花費許多時間和體力。這種受人之託的工作會越做越氣，而憤怒的矛頭通常是指向對方。

「找我做這麼麻煩的事！那個混球！」甚至感覺得出微微殺氣。輕率答應別人的請求，本來就是自己的責任，卻不知為何，想找對方出氣。

我也曾因為隨便答應學弟的請求，經歷過許多次這樣的心情。一旦工作開始忙碌了，會變得無法原諒加重自己工作量的人。想必各位讀者也有類似的經驗吧？

為了減少這樣的危險，拜託他人幫忙時要有技巧。不妨這樣說：「有件事我特別想請您幫忙。只是，對您會造成很大的負擔，但我還是只想拜託您。如果可以，能容我向您說明並請求幫忙嗎？」

不管用什麼方式拜託，最好都要採取「低姿態」。為什麼呢？就算拜託的事情很簡單，讓對方感到「比想像中還要輕鬆」；這樣一來，即使造成負擔，他也會想著：「事前對方已明白告訴我，會加重我的負擔，是我自己要答應的。沒辦法，只能拚了！」而甘願承受。

事先預告最壞的結果，換得他的諒解

只要有「事先預告」或「警告」，讓對方先有心理準備，就算他感到不滿，也不會對你懷有惡意。換句話說，不論結果為何，都能避免請求幫忙的你產生負面感想，心理學上稱這種做法為「預告法」。

舉例來說，住院時，醫生通常會告訴病患最壞的情況，「您恐怕要住院3個月。」為什麼要這麼說呢？因為太輕率承諾：「1個月就能出院。」最後卻無法如期出院時，病患一定會感到很生氣。因此，**先告知最壞的情況，病患便會有心理準備**。萬一提早出院，還會心生感謝：「多虧醫生，我才能早點出院，謝謝你！」

不論做任何請求時，都要加上這樣的前言：「可能會非常辛苦喔！」、「您一定會覺得很麻煩、不想做的。」只要這樣說，就不必再擔心會被對方埋怨了。

技巧

3

不停被追問時，就以「反問」來回擊

把問題原封不動還給他，讓他去煩惱

年紀不小，到現在仍是單身的人，最討厭被問到「結婚」這件事。因此，要是被問到：「為什麼還不結婚呢？」這類私人性的問題時，何不用「反問」的方式回敬對方？這是一種「原封不動地將問題奉還給對方」的技巧。

以上述情況來說，就是反問對方：「那你又為什麼要結婚呢？」這種「反問」出奇地有效，當你想讓問話的人閉嘴時，就能派上用場。舉例而言，當部屬問上司：「為什麼我的薪水沒有調高？請您解釋一下理由。」企圖逼你回答。

在這樣的情況下，照樣可以用「反問」的方法回問對方：「那你有想過，憑什麼薪水要被調高嗎？請你說說看理由。」

英國約克大學的彼得・布爾教授表示，**當被問到覺得尷尬的問題時，只要立刻以「反問」的方式將問題丟還給對方，就能順利脫困**。根據布爾教授的說法，「反問」有多種變化型可以利用，如下：

類型1 攻擊問題

「這個問題和現在的狀況有關係嗎？」
「這個問題，搞錯前提了吧？」

類型2 攻擊提問者

「你有資格問這個問題嗎？」
「你憑什麼問我這個問題？」

類型3 要求更詳盡的說明

「我不太懂你的問題，可以再說具體一點嗎？」
「你問這樣的問題，有什麼用意？」

反問「你覺得呢？」扭轉劣勢

沒有必要因為對方的提問，就恭恭敬敬地「有問必答」。當被問到不想回答的問題時，就狡猾地閃躲。**我自己經常用的反問句是：「那你覺得呢？」這句話讓我在演講和研討會上回應別人的質疑時，受惠良多。**

比方說，有人問我：「心理學在職場上用得到嗎？」要回答這個問題得費一番工夫，於是我先回答：「那你覺得呢？」或者是有人問我：「薪水多寡與工作士氣有關係嗎？」這種複雜的問題，我還是以：「那你覺得呢？」回應。這句話非常好用，能用在任何時間、地點，回應任何問題。

技巧

4

反擊的智慧就是，「看準時機再說話」

無關緊要的事就順著他，避免引發爭吵

以前，「無國界醫師團」的法國醫師曾來日本演講。演講結束，主辦單位詢問聽眾：「有沒有什麼問題？」時，有人立刻舉手問道：「各位前往戰亂的國度進行醫療行為，我覺得很了不起。不過，對方國家的醫師又是怎麼看待這種行為呢？」

其實這個問題有點不懷好意。不過，有位法國醫師毅然決然地明確回答：「哪裡有患者，就有能挽救性命的我們。除此之外，還需要在乎別的嗎？」這也是一種「反問的變形」，是直接捨棄對方的問題而不回應的痛快技巧。

再舉一個例子。某位小學老師談論「盡量別讓孩子看太多漫畫」時，一位家長

提出這樣的質疑：「老師，您說漫畫不好，那是哪本漫畫的哪個部分，因為什麼理由而不好？」對此質疑，老師也回答不出來。只好小聲地說些辯解之詞，證明他沒有經過充分的研究便斷定「漫畫不好」。

這位家長緊接著又說：「假如漫畫不好，那麼老師應該有先看過漫畫才做研究的囉？以目前電視或雜誌上的言論批判漫畫，完全沒有說服力。況且，看漫畫也是通往閱讀的橋梁之一，用漫畫進行閱讀訓練，會逐漸發展成一般的書籍閱讀。我是這麼認為的，老師覺得呢？」到了這個時間點，老師已完全沉默不語，勝負已定。

看準時機再「反問」及「窮追猛打」

「質疑」一詞中含有「辨明」的意思，隱藏著「嚴格追究」的含義。含有「問」字的詞彙包括「疑問」、「詢問」、「傳問」、「詰問」、「拷問」等，這些詞彙皆顯示出一件事，「會問問題的人很厲害。」

伊利諾大學的傑佛瑞．帕克博士建議：「若是無關緊要的事，就乖乖同意對方的說法，別胡亂引發爭端。」

不論對方的主張為何，只要「反擊」，就能強烈凸顯自己的存在感。不過，反擊時千萬要鎮定，避免感情用事，要慢慢地說。讓對方感覺你在挑釁，絕不是件好事，再說，反問對方時，往往容易產生口角。

技巧 5

面對不懷好意的問題，如何讓他閉嘴？

將身體面向對方，能壓制他的氣勢

面試時，可能會遇到多位面試官同時提出帶有試探意味的問題。這種時候，只要將身體轉向他們，而不只是轉動頭、眼，由正面凝視對方，就能有效停止這類的提問。會議上也是如此，面對來自四面八方的質疑，別只是把頭轉過去，要將椅子轉向對方，面對面相對而坐，才有可能讓對方閉嘴。

為什麼要這麼做呢？因為一旦將身體面向對方，便形成「面對面」的姿勢。也就是說，只要面向對方，即可展現出「要吵就吵，沒在怕」的戰鬥態勢。**一旦相對而坐，自己與對方的視線就會交會，能有效展示出自己的力量，達到壓制的效果。**

紐約柯蓋德大學的約翰．多比迪歐博士表示，**注視對方的眼睛越久，對方越會覺得你的力量高深莫測，並在心理上感到侷促不安。**

面對面談話，避免連珠炮式的發問

當我們被問到不懷好意的問題時，若不將身體轉向對方，他很可能會繼續問。弱者向來容易被欺負，談判或簡報時也是如此，若不對質疑者採取正面迎擊，問題便會接二連三的射向你。

「所以我說你的企畫案欠缺消費者的觀點呀！」

「哦……」

「更何況，連最能了解消費者心聲的問卷調查也沒做？」

「哦……」

「哦什麼哦，你到底來這裡是幹什麼的？」

如果不想受氣、遭人質疑，就得將「整個身體」面向對方，使用正面迎擊的姿態。為了不讓對方拋出不懷好意的問題，或是就算提出也能立刻阻止，我們必須與他正面相對，讓他感覺「可怕」。

平時就養成好習慣，與人對話時將身體面向對方，就能不被欺負或惡意質疑。

技巧 6

被問到不懂的問題時，如何隨機應變？

隨便答也沒關係，有回應就不容易被識破

我們常常會發生，別人問自己問題，卻完全不知該如何回答的窘況。比方說，被問到自己不太懂的問題，如：「但丁在《神曲》中所描寫的世界觀，內藤老師您給予什麼樣的評價呢？」我雖然是心理學家，但對藝術、文學十分陌生。不過像這樣被詢問時，回答：「這個嘛……」或「欸，我不是很清楚……」，會有些丟臉。

其實，當被問到這種問題時，就要動用你會的全部知識，總之，就是一定要回應些什麼。**因為只要稍微講些與問題有關的知識，就算給予一定程度的回答了。**

「說起但丁，他可是世界三大史詩詩人之一，另外兩人，我記得好像是荷馬和米爾頓。不可思議的是，這三人有個共通點。你知道是什麼嗎？其實，他們都是盲

人。儘管眼睛看不見，創作能力卻很出色，真是了不起。」像這樣回答，基本上應該就沒問題了。對方也會一邊點頭稱是，一邊露出信服的表情。

事實上，這樣的回答是文不對題的，因為對方的問題是「神曲中的世界觀」。可是我不曾讀過這本書，又不想回答：「沒讀過。」只好移花接木從不同論點來回答。不過，就現實來看，這個答案卻能讓我全身而退。

就算聽不懂問題，也要隨機回答

不論被問到什麼樣的問題，首要之務就是先給予回應。就像是考試一樣，有寫就有分，就算答案完全文不對題，只要有寫些什麼，就有機會拿到分數。因此，老師也多半會告訴學生：「總之，就是把答案卷寫滿就對了。」

日常對話時，也是同樣的道理。對方發問時，如果回答：「不知道。」容易被人瞧不起。為避免如此，「先回答」就對了，保持這樣的態度很重要。

康乃爾大學的羅伯特．克勞特博士也認為，**當對方提出問題時，就算是說謊，只要理直氣壯地迅速回答，聽起來就有一定的真實度**，所以完全無需擔心。

技巧 7

被問到尷尬的問題時，千萬別眨眼睛

眨眼次數越多，透露出的弱點就越多

當被問到不想被問的問題時，我們會忍不住想眨眼睛，且頻率會不自覺增加。據說，大陸的商人在洽公時，多半會戴太陽眼鏡出席。大概是不希望讓其他人看穿自己內心的不安。因為，就等於是在告訴對方：「這裡是我的罩門。」

被問到不想被問的問題時，要睜大眼睛，並忍住眨眼的衝動。眼睛雖然會乾澀，但一定要忍住，否則對方會識破你的「不安」，更嚴厲地深入追問。

一九九六年10月21日出刊的《Newsweek》雜誌中，刊載了一篇波士頓學院的神經心理學教授喬·泰斯博士的報導，內容為他觀看兩位美國總統候選人，杜爾與柯林頓在選舉期間所進行的辯論，並計算他們的眨眼次數。

一般認為，普通人平均1分鐘約眨眼30到50下，但杜爾竟然眨了147下，也就是1秒鐘眨3下，是普通人的3倍，且眨眼次數最多達到163下。據說，是在被問到這個問題：「您覺得這個國家比4年前更富裕嗎？」就可以看出。對杜爾而言，這是他最不想被問到的問題。

被質疑時，絕不能一直眨眼睛

另一方面，柯林頓的眨眼次數1分鐘平均99下，這也是普通人的2倍。此外，柯林頓眨眼次數最多時，是在他被問到：「關於10幾歲的青少年濫用藥物的情況增多，您有什麼看法？」此時他眨眼的次數是平均177下。

泰斯教授並表示，在二千年以前的5次總統大選中，在辯論時，眨眼次數多的候選人都會落選。似乎「眨眼」會被讀者解讀為是「弱點」。當被問到讓人內心一震的問題時，正是勝負關鍵。

讓我們全神貫注在眼睛上，忍住不要眨眼。

「你不會是另結新歡了吧？」

「你不會是挪用公款吧？」

當你被質疑時，絕不能慌到一直眨眼睛。訣竅是，眼睛用力，若無其事地回答：「哈哈哈！就算是開玩笑，也不怎麼好笑。」實際上，心理動搖時或許不會這麼順利，但卻是擺脫危機的好方法。

技巧 8

善於「討救兵」的人，麻煩比較少

不能只靠自己，團結力量大，事情會更順利

假設負責的工作出現失誤，你開始聯絡相關部門、更改內容，想辦法獨力完成所有善後工作，最後得意地要向上司報告時，說不定會被臭罵一頓：「怎麼不早點來找我？我只要一通電話就可以搞定，不需浪費時間！」

獨力彌補過失，的確實很了不起，但正如上司所說，最好一開始就向上呈報。

「對不起，我在〇〇出錯。應該怎麼做才好？」

「因為我的失誤才會演變成這樣的情況。可以告訴我該怎麼做嗎？」

上司畢竟是上司，不論知識或經驗，彌補過失的能力都在你之上。所以，別自

己想辦法，趕緊討救兵才是明智之舉。如同電腦壞掉時，試圖獨力修復它，有時情況反而變得更糟。等到總算甘願求助於專家時，可能還會被唸：「為什麼不早點跟我說？原來的狀態我還有辦法修理……。」

外行人千萬別多事，汽車壞了就該馬上請修車工人修理；身體不對勁時就要看醫生，別想透過奇怪的民俗療法治療。有困難時，最好請求專家協助。

不要總想靠自己，有困難時不妨先求助於專業

人因為擁有虛榮心，而讓自尊心作祟，無法放下身段，求助於他人。不過，**「自力救濟」有時反而會使情況更混亂**，為避免事態加重，最好立刻請求協助。

密西根大學的蘇珊·傑克森博士發表過一份研究報告，調查248名從事教育相關的工作者，**發現越是善於哀求上司的人，越能持續在工作中保有活力，不會輕易地就身陷倦怠。**

凡事都想自己處理，精神上很快就會受不了，也容易引發「倦怠症」，出現提

不起勁、喪失專注力、一到上班時間就肚子痛等令人困擾的症狀。為避免這種情況發生，有困難時，最好及早求助於上司。

「我該怎麼做才好呢？」**只要找上司商量，他們一定會告訴你解決的好方法**。

技巧 9

主動幫忙，下次換他來幫你

天下沒有白吃的午餐，先付出才有回報

當你面臨棘手難題，不得已需求助於他人時，對方是否會接受，取決於「你為對方做過多少事」。假如你從來不曾為對方做過什麼，相信他也不會在你需要幫助時伸出援手；反之，若你曾大力幫忙過他，對方自然會欣然接受你的請求。

明明不曾為那人做過任何事，卻想讓對方答應自己的要求，世上沒這麼便宜的事。最好不要以為事情的發展會如此有利於自己，**你必須先主動幫助對方，並事先拜託：「在我需要幫忙時，就麻煩你了！」**才是最好的方法。

美國一位名叫葛雷尚．賽克斯的學者曾針對監獄的獄卒進行過一項有趣的研

究。據賽克斯表示，越是優秀的獄卒，越不會以威脅或懲罰等方式控制囚犯。想仗恃地位強迫囚犯做事，通常會遭到囚犯的反抗。那麼，優秀的獄卒是如何控制囚犯呢？據說有「微罪不舉」（指罪行較輕微，故不舉發）、「偷遞香菸」等方法。

也就是說，依據「互利互惠」的精神，給囚犯一些好處，以換得他們的合作，好維持獄所內的秩序。人是很會精打細算的，若不是為了報答人情，一般人不會輕易行動。

先幫助他人，才會收到回饋

我也是個凡夫俗子，喜歡會關照我的人。倘若有位編輯請我幫忙寫一份很趕的稿子，正常情況下，我會不客氣地回絕，但若是這位編輯曾請我吃飯，或送我禮物，我就會唯命是從。人就是這樣的動物。

不曾付出卻要求幫忙，被拒絕是理所當然的，別指望總是自己得到好處。不過，看見需要幫助的人，任何時候都要出手相助。**若樂於助人，緊要關頭時，對方也會伸出援手，給予協助。**

技巧 10

不能只收下而不回報，「人情」要記得還

有借有還，誰都會願意幫助你

「要先為別人付出」，當我做這類帶有道德意味的勸說時，總有人會瞬間拉下臉回答：「話是這麼說沒錯，可是內藤老師，這麼做豈不老是吃虧？我好意幫忙，對方卻不願意回報，這世上就是有許多這樣的人。」

那麼，不妨這樣做。盡力幫忙對方時，先明確約定將來一定要「還」，這麼一來，就能放心付出了。舉例來說，幫忙同事加班趕工作時，不妨先說：「今天沒什麼特別的事，我可以幫你。不過當我忙碌時，你一定要幫忙我哦！」

對方既然答應了，就會清楚意識到「欠你一份人情」，將來要求他回報時，也

能很自然地說：「不好意思，之前你欠我的人情，可以還我嗎？」

先取得他的承諾，再給予幫助

根據經營學家羅沙貝斯．康特教授表示，成功的經理人會在取得對方願意回報的承諾後，才予以協助。比方說，明確提出像是：「若企畫案成功，協助者那一欄可以打上我的名字嗎？」之類的要求後，再答應協助。**成功的人，多半會先取得承諾後才予以協助**，這樣的做法值得參考。

世上大多數的人都具有相互扶助的精神，即使沒有刻意提醒，只要確實幫過他，即可期待獲得相對的回報。不過，要是不放心，不妨正式要求回報，也能讓自己安心。如果對方沒有做任何事，那該怎麼辦？那麼，不妨先停止援助。對方毀約在先，你可以毫無顧慮地中止幫忙。

我很喜歡幫助別人，不太會要求對方提出擔保。因此，即使沒有獲得任何好處也不會生氣；但如果你是會為這種事生氣的人，**不妨事先要求對方承諾，提出正式的擔保**，也是一種辦法。

技巧 11

有求於人時，先請客再拜託

招待要用心，否則收不到效果

美國杜蘭大學的亞瑟．布利夫博士曾以在某醫院工作的醫護人員為對象，詢問他們：「對於在這家醫院工作，感到滿意嗎？」調查他們對職務的滿足感。不過，在場有半數以上的人，在接受詢問前就已收到博士贈送的飲料，另一半則沒有。

結果，明明在同一家醫院工作，詢問有拿到食物的人，才能得到「我在這家醫院工作很快樂！」或「我對現在的工作環境非常滿意」的答案。從調查數據能看出，當有人對我們提問時，要處在「愉悅」的氣氛下，才會回答出令人滿意的答案。

請求幫忙時，「請客」是基本禮貌。簡單說，就是「招待」對方。沒招待任何

東西就直接拜託，搞不好得請求個好幾遍，非常浪費時間和體力。

不過，若能請對方吃他喜愛的食物、飲料，即便只是隨便提出：「○○事就有勞您費心了。」他也會很樂意地答應幫忙。為什麼呢？**因為人在吃喝一頓後會變得比較大方。**

招待要用心，態度隨便也收不到效果

不過，有時候算就先請客，也不見得會收到效果。原因有兩個，**第一是「對方的地位、職務沒有最終決定權」**。受到招待的當事人即使想答應請託，但如果公司內部有人反彈，恐怕也不會成功。搞錯招待的對象，就會發生失敗。

第二個則是「招待被搞砸了」。只有自己一個人吃得很享受，卻無法讓對方也吃得開心，招待是不會有效的。

只要沒有違背上述原因，大部分的招待都會成功。享受過美酒佳餚的人，必定會樂意協助你。有句名言說：「善於招待的人，能提早出人頭地。」能掌握招待竅門的人，多半洞悉人的要害，所以成名得也快。」

此外，招待的祕訣是「讓對方快樂，而不是花錢」。並非一定要在高級餐廳享用豪華大餐，如果應對失宜，就算去再棒的餐廳，也還是沒用。**沒有人會討厭熱情的款待，重點在於「你有沒有用心」。**

Column 5

不知如何開口問時，自言自語都比沉默好

「這個人說的話好奇怪！」明明有這種感覺卻沒辦法提出疑問，因而感到咬牙切齒般的懊惱。各位讀者或許都有過類似的經驗，有話想問對方卻無法好好說出口，有話想說卻無法順利表達。

我建議，有這種感受時，不妨直接說出口。例如：

「我總覺得○○先生的發言有點不對勁。可是又說不出哪裡不對，好懊惱。」

「我沒辦法好好把話說清楚。雖然想指出錯誤，但不知道怎麼說才好。我對自己腦中所知辭彙的貧乏程度感到可恥。」

只要這樣說就行了。感覺對方的發言不對勁時，默不作聲會讓人覺得能力差，但只要明白告訴對方：「有地方怪怪的。」就算沒辦法提出疑問也沒關係。**即使並**

沒有質疑對方的意見，但只要自言自語：「好像哪裡怪怪的，但又不知道是哪裡怪……。**」就能假裝自己有些疑問。**

增加說話時的可用字彙，避免對話陷入沉默

比方說，與外國人在爭辯高難度的議題時，有時也會詞窮語塞。這種時候若緘默不語，彷彿承認自己輸了一般，會令人十分懊惱。在對方看來，「沉默」就表示你承認自己輸了才會不回嘴。因此，不妨這樣說：「我雖然想要告訴你，你的言論上有些問題，但找不到適當的英語形容。若是用我的母語，就可以討論得更深入……。」只要這麼說，就不會被看扁了。

不過，這個方法畢竟是「有話想說卻無法清楚表達」時的祕技，因此，**學會「如何發問」是很重要的。還是要多學習「該怎麼說」，增加腦中可用的字彙量。**

阿肯色中央大學的比利．史密斯博士也認為，「單純增加字彙也能增進會話能力」，建議透過大量閱讀，努力增加字彙吧！

Chapter

6

9個最有效的情境活用問話術

「好問題」比命令更有效

情境 1

跟「愛遲到的人」約會，就要這樣問

先告知「結束的時間」，讓他心裡有準備

有約會時，我們往往只會注意「約定時間」。但是，只在意「幾點要到」，最後通常都會不自覺的往後拖延。**因此，與人相約時，建議要提醒對方注意「結束的時間」**。

假設約定的時間是「上午10點」，如果告訴對方：「我們早上10點見。」大部分的人都會遲到5或10分鐘。不過，如果同時也提醒對方注意「結束時間」，提出：「**我11點還有其他工作，可以約10點見面嗎？**」就能帶來壓力，預防遲到。

只告訴對方「上午10點」見，他會認為反正你有空，沒有時間限制，稍微遲到

個幾分鐘也沒關係。開會也是如此，只告訴大家「開始的時間」，大多數的與會者都會遲到。因此，在會議資料上，不要只記載「下午3點」開始，要清楚寫下「開始和結束的時間」，如「下午3點開始，4點20分結束」。

先告知「幾點結束」，就能避免拖延

清楚的標出時間，能大幅改善遲到的狀況，還能預防無意義的馬拉松式會議。事實上，這是一種告知「最後期限」的技巧。**只要先說出結束的時間，人在心理上就會感到壓力，不自覺的會注意時間，行動也會變得較俐落。**

懂得自我管理的人，工作時會特別注意「結束時間」，甚至會設定最後期限，並依據期限行動。**一旦發現截止日迫在眉睫，絕大多數的人都會充滿幹勁，這種現象稱為「截止效應」。**不論是約會、提升工作效率等各式情況，只要先說出「結束時間」，就能避免產生拖延。

情境

2

員工不守規則，一天到晚鑽漏洞

把規勸的話改成八卦，利用他人的嘴巴傳出去

假設有員工不顧工廠「禁止吸菸」的規定，偷偷地吞雲吐霧，你身為工廠的主任，想要制止他的行為。這種情況下，散布「有人偷吸菸且被逮到」的風聲，會產生很大的效果。

「真好笑，有人以為偷偷摸摸地做也沒關係。他難道不知道，只要被當場發現在抽菸，不但會立刻減薪，搞不好還會被開除。」

假如聽到你這麼說的人就是犯人，我想，他也沒有膽子再偷抽菸了。要是他認識偷抽菸的犯人，應該內心也會一驚，馬上警告當事人：「別再抽了。」不論結果

如何，相信都不會再有人偷抽菸了。

所謂「壞事傳千里」，八卦消息總是散布得非常快，**巧妙地散布傳聞，就能讓違反規定的行為瞬間消失。**

利用女人愛聊八卦的天性，把消息傳出去

東北大學的傑克．雷文博士曾做過一項調查，從上午11點至下午2點間，在大學的交誼聽偷聽學生們交談，且要持續8個星期。結果，71%的女性及64%的男性，談論的話題都是別人的流言或八卦。

人們總是喜歡聊別人的瑣事，如果在公司內散布如下的傳聞：

「只要在上班時間喝酒就開除。即使這樣，好像還是有人會喝，真是笨哪！」

「到底是什麼人會做這種事啊？」

這種「尋找犯人」的消息很快就會傳開，過一陣子，就不會再有人喝酒了。

此外，散布消息時，一定要選擇「女性」。**因為女性最喜歡聊八卦，藉由她們**

的閒聊就能把消息快速的傳出去。據雷文博士表示，女性的談話中，56%是關於朋友和熟人的話題，男性則只有20%。此外，男性的話題多半圍繞在運動或知名人物上，女性則喜歡聊身旁發生的人、事、物。

因此，女性比較適合擔任傳遞八卦的角色。要散布消息或傳聞時，不妨從「愛聊八卦的女性」下手吧！

情境

3

孩子霸凌同學，又勸不聽

把任務交給犯錯的人，他反而會做得更好

據說，德川家康（日本戰國時代的將軍）遷都至江戶時，當地的治安很差。江戶最早為北條氏（日本戰國時代的武將世家）所有，且管理得非常好，因此民眾對於換統治者一事，有很多的不滿。據說因為這樣，江戶城發生了許多強盜、殺人、縱火的事件。

不過，不愧是德川家康，將取締犯罪的工作交由犯案的主嫌去負責。他對犯人說：「你對犯罪的細節，想必很清楚。」結果，江戶的治安居然變好了。俗語說「以毒攻毒」，這種做法出乎意料地有效。

舉例來說，假設你懷疑有部屬偷了公司的設備用品，如果直接問對方，事情恐怕也不能解決。於是，你考慮捨棄譴責，改為拉攏對方與你成為同一陣線。

「唉！真傷腦筋，最近好像有人把公司的設備偷帶回家了。該怎麼做才能消除這樣的狀況呢？你有什麼好主意嗎？對了，你願意成為公司風紀委員會的成員嗎？」

只要這麼說，他的偷竊行為肯定會停止。因為既然要開始進行取締，基於自己的職掌，也不得不停止偷竊的行為了。

把任務交給嫌犯，改變他的行為

想要「遏止霸凌」也可以用這一招。把霸凌的主嫌找來，囑咐他：「為避免那小子被人欺負，你可以幫我盯著他嗎？」這麼一來，霸凌者也不會再霸凌別人。此外，我也曾聽學校老師說過，當他指派虐待動物的孩童擔任飼養委員後，孩子便不再虐待動物了。

我們一旦被賦予某項職務，並被要求「負責」後，便不能再做與職務相互矛盾的壞事。德克薩斯大學的瑞奇．葛利芬博士曾做過一項實驗，在38家銀行的分行以526名行員為對象，賦予某項職務，增強他們的責任感。

結果，被賦予責任的人，工作變得很積極，對職務的滿足感也提高。**如果用一般的方法還是無法讓他的行為有所改善時，不妨賦予他一些任務。**一旦選擇承擔責任而無法再嬉皮笑臉時，應該就能做出令人滿意的行為。

情境

4

習慣差，想改掉他的壞習慣

用「造假的數據」嚇他，達到威嚇作用

只要舉出「科學數據」為證，大多數的人都會無法反駁，抬不起頭來，只能乖乖順從，不再有任何異議。由加拿大約克大學的詹姆斯．莫爾博士所發表的實驗結果顯示，同樣的話由「物理學者」口中說出，和由「郵差」口中說出，對方信服的程度居然相差到6倍以上。

但是，如果沒有數據可以舉例，怎麼辦？這時，不妨任意捏造。舉個例子，假設丈夫喜歡在馬桶上看書，而你希望他能戒掉在廁所裡久待的習慣。這時，你可以若無其事地這樣說：

「喂，老公，聽說搞外遇的男人76%都有在馬桶上看書的壞毛病。你也是一坐在馬桶上看書，就會超過30分鐘以上的人，對不對？」

這麼一來，丈夫就不敢再關在廁所裡不出來了。因為一旦在廁所裡看書，就會被老婆懷疑有外遇。這是可以立刻改變丈夫惡習的妙招，請各位務必試試看。

□ 提出數據為證，讓他不得不信服

❶「喂，老公，我看到一篇報導上說，容易出現家暴行為的男性中，67%在吃飯時都會發出聲音，你吃飯也會這樣，對吧？」

❷「喂，老公，聽說容易禿頭的男性中，82%都習慣半夜打電動而不睡覺。如果你在乎你的頭髮，何不少打一點電動呢？」

❸「喂，老公，據說無法功成名就的男性中，77%都有『完全不做家事』的傾向。相反地，成功的男性有九成都會分擔家事。而你這個人，什麼都不會幫我做，對吧？」

像上述的例子一樣提出數據，丈夫應該就會慢慢朝你期望的方向改變。**重點是，拿出你希望對方改變的行為與可能會排斥的行為間，有連結關係的假數據，攤在對方面前。**

如果對方是受過完整訓練的科學家，可能會繼續深究：

「這項數據的出處呢？」

「訊息的來源有得到證實嗎？」

「是透過怎麼樣的實驗計畫所得到的數據？」

不過，大部分的人都沒有能力如此反駁。**就算數據是捏造的，只要加上「科學式的包裝」，一般人就會心悅誠服**，完全不需要擔心。

情境

5

想請對方在合約上簽名，怎麼開口？

不說「合約」改用「文件」，能降低他的警戒心

長期從事業務工作的人都知道，「可以請您在合約書上簽名嗎？」就算這樣拜託客戶，他也不一定會簽名。即使在此之前，你們聊得很愉快，對方也會面有難色，轉而採取拒絕的態度。為什麼呢？因為對「合約書」一詞過度敏感的關係。

我們一聽到「合約」兩個字，心裡總會有些防備。因此，只要換個說法，改成：「可以請您在這份文件上簽名嗎？」出乎意料地，合約簽成的機率極高。**相較於「合約書」，我們對於「文件」的抗拒感較低。**

有事請求時，要盡可能使用聽起來舒服的詞彙，減少對方的抗拒感，才能提

高被接納的機率。命令孩子去用功讀書，他們通常會擺出十分不情願的表情。因為「用功讀書」並不是個令人愉快的詞彙。再稍微含糊一點，將詞語淡化，像是：「吃晚餐前，先解決每天要做的事吧！」這樣的說法會比較好。

多暗示他，別直接說出來

根據德克薩斯大學的雷克斯·萊特博士的說法，我們一旦感覺到來自他人的威脅，便會心生抗拒。因此，必須盡量使用不會帶有威脅感的語詞。

任何行業都有所謂的「行話」，當直接使用某個詞彙會覺得太強烈時，「行話」便順應而生。使用「賄賂」一詞總覺得不好聽，改成「謝禮」或「心意」，心理上的抗拒感便消失了，對方也比較容易接受。

會讓對方感到有威脅感時，只要改成使用「暗示」的字眼就可以了。除非對方相當遲鈍，否則只要「暗示」，大概就會懂了，千萬別直接說出來。

只要換個說法，合約一定能簽成！

可以請您在「合約書」上簽名嗎？

可以請您在「這份文件」上簽名嗎？

反過來說，如果對方使用的字眼聽來很順耳，請小心，或許你中了對方的圈套而不自知。

情境

6

從會議中脫身，用「問句」提醒對方

暗示他「我接下來有約」，就能全身而退

「暗示」這種技巧非常好用，而且應用範圍廣泛。例如，想從冗長的會談中脫身時，可以暗示對方「我接下來已有預定的計畫」。

「不好意思中途打斷您，請問從這裡到〇〇，大約要幾分鐘？」

只要這樣問，就能暗示對方「我還有其他事要辦」，讓他心裡一直掛記著這件事而無法專心。

「呃，到〇〇是嗎？搭電車要20分鐘，坐計程車要看市區的路況，最好估個40分鐘。」

「哦，是嗎？如果是這樣，不好意思，我差不多該離開了。」

如此，便能順勢的起身離席。

或者，也可以問對方：「現在幾點？」一直偷瞄自己的手錶很不禮貌，最好不要這樣做。但如果改成詢問時間，就不會失禮了。

「不好意思，我忘了帶手錶，請問現在大概幾點了？」

「呃，快要2點40了。」

「啊！這麼晚了？我在這裡待很久了，差不多該離開了。」

說完便起身離座。當然，在會談開始前別忘了將手錶先收進包包裡。

此外，想從不太感興趣的聚會中脫身時，也可以利用這個方法。先詢問對方時間，然後再裝出「嚇一跳」的樣子，大聲地說：「啊！已經這麼晚了！」並請店員過來，告訴他要買單。

走不掉時，不妨用「問句」間接提醒對方

據說京都人都有心照不宣的暗號，當對方問你：「要不要來碗茶泡飯？」時，即表示「你該回家了」；問對方時間也是在暗示「我想走了」的意思，是非常好用的招術。**只要詢問對方：「現在幾點？」就能間接告訴他：「我心裡掛記著下一個約會。」**

紐西蘭奧克蘭大學的尼可拉．歐斐洛博士將這個有效的方法命名為「間接表現法」。**無法直接說出口的事，只好間接表達出來，才不會失禮於對方。**

如果對方始終不肯離開時，也可以直接利用這個方法，問他：「我待會兒必須到○○，請問從這裡過去需要花多少時間？」就能把他趕走。

情境 7

如何「用問題」讓他快速做決定？

告知要用擲銅板或抽籤定案，逼他抉擇

有些人在做決定時，會煩惱好一陣子，花費很長的時間。例如，連餐後飲料要喝什麼都猶豫不決，就我而言，這種人「麻煩死了」。

我原本就是個急性子，一看見優柔寡斷的人就生氣。反正選哪一個也不會有太大的差別，所以早點決定不是比較好？可是他們沒辦法這麼做。

不過，有個方法能夠輕易讓這種人做決定，**那就是「擲銅板」**。如果有人為二選一的問題煩惱時，不妨提議：「**讓我們來扔銅板吧，出現正面就選A，反面就選B。**」並在對方同意之前就把銅板扔在桌上。

不過，接下來才是重點，將銅板扔到桌上後，要馬上用手心壓住銅板，讓人不知道出現的是哪一面。然後問對方：「你希望出現的是A還是B？」這麼一來，就算是優柔寡斷的人也會立刻回答。

舉例來說，假設有位小姐對於要不要和男朋友分手，一直舉棋不定，充滿掙扎。這時，你提議用擲銅板決定，「要是出現正面，你就立刻打電話跟對方說分手。要是出現反面，就暫時先忍著，可以嗎？」說完就擲銅板，然後用手心蓋住銅板，問她：「現在的妳，希望出現的是哪一面？」這時，她馬上就會回答：「我還是不想分手。」之類的真心話。

煩惱中的人，其實心裡多半隱約知道「該如何抉擇比較好」。他們心裡早已朝某一個選項傾斜，而非在兩個選項中掙扎著。

猶豫不決時，用「擲銅板」就能立刻下決定

有人偶爾會在自動販賣機前，因無法在兩種果汁中作選擇，於是同時按下兩個

按鍵，然後看見出來的商品又碎碎唸：「啊～，我明明想喝可樂的說……。」等等。

其實我們一直心知肚明「自己該如何抉擇」。因此，等到要透過擲銅板來決定時，才會急急忙忙決定「還是A比較好」。

荷蘭萊頓大學的心理學家丹尼爾．奇馬曼茲博士表示，**只要先定出自己的規則再做決定，不但快速也不會有煩惱。**

不一定要擲銅板，走迷宮或抽籤，什麼都好，只要定出規則，人就比較容易採取行動。**要讓一個為棘手問題而苦惱的人行動時，只要提議用類似抽籤的方式，他應該就會二話不說地開始行動。**

「啊，這傢伙真麻煩！」當你有這種感覺時，立刻從錢包裡取出銅板吧！如此一來，寶貴的時間應該就不會再被胡亂浪費掉了。

情境 8

有事情拜託別人幫忙，該怎麼問？

找「關鍵人物」打關係，比自己親自出馬更有用

世界上有許多事「不必自己去做」，請他人代為執行反而更順利。比方說，客戶要訂貨時，委由與對方有交情的人去接洽，可能訂單數量會增加。

如果是由與對方不熟的自己去接洽，可能見十次面還無法達成協議；若是委由對方熟悉的人接洽，一次就能順利談成了。**因此，委請他人代替自己出面，可減省體力和時間上的耗損。**

假設想要讓A小姐行動，前提是要先找到與A小姐熟稔的B先生。然後拜託B先生：「可以幫我跟A小姐這麼說嗎？」

由你直接與A小姐聯絡，可能並不順利，但如果以「**你↓B先生↓A小姐**」的順序進行，在中間插入B先生作緩衝就能打動A小姐的心。

我也是如此，當不熟識的人有工作想委託我時，我大部分都會說：「現在有點忙……。」想都不想便推辭。如果是熟人有事找我，我會馬上接受，完全不會考慮條件之類的，只是覺得「前輩的請求我無法拒絕」。

換個人出面，比自己更容易打動對方的心

紐約大學的費滋席蒙博士發表的一項數據指出，當同事有麻煩事找我們幫忙時，只有18.8％的人會接受；但好朋友來拜託時，高達52.9％的人都會接受。**就算拜託的內容相同，但因為拜託的「人」不同，答案也會有所不同。**

職場上也是，**要與主管的太太而不是主管建立好交情**。萬一有什麼事，就可以拜託主管的太太當說客。說句：「不好意思，能不能請夫人幫忙說句好話？」就能讓主管照你所希望的去做。

透過第三者幫忙，比自己洽詢更有效

有事想委託A小姐的你，只要找到與A小姐熟識的B先生，事情就能順利進行。

不論什麼樣的人，一定有個「剋星」，像是家人。有人在老婆面前就抬不起頭來，有人則是在母親或孩子面前，**因此，要先找出對方的剋星，然後拜託那個人代替自己出面**。

不需凡事都「親力親為」，不妨有時「請別人代勞」會比自己做來得輕鬆。

情境

9

個性愛拖延，如何讓他快速回覆？

給對方時間壓力，讓他馬上給答案

不論怎麼催促，有些人就是不肯「明白回覆你」。從事業務工作後會發現，不管你再怎麼熱心推銷，就是有客人會假借「過幾天再說」、「我會積極考慮」等，試圖拖延回答。這種情況下，要如何讓對方當機立斷地做決定？**唯一的辦法就是「給他壓力」**。不妨這樣說：

「我也不喜歡讓人覺得『我很煩』，所以您今天若能明白地回答我『NO』，我就不會再緊追不捨。」像這樣給對方壓力，他便不得不答覆你。

卡內基梅隆大學的唐．摩爾教授稱這種方法為「最後期限法」。**「最後期限」**

意指交涉期限，就是暗示對方「期限將屆」，以誘使對方作出答覆。

根據摩爾教授的模擬交涉實驗可知，限定「30秒內回答」時，對方所給的答覆是最和善的；一旦放寬期限到「3分鐘」、「10分鐘」時，對方所給的條件便越來越惡劣。因此，設定「嚴苛的最後期限」可說非常重要。

正因為這個方法會一口氣直搗對方的內心，也有可能會逼他當場說「NO」，得到非你本意的結果。不過，卻能省下因拜訪多次而耗損的時間。「不知要何時才能得到答覆？」這樣的不安感也會消失，遠比一直悶悶不樂要痛快多了。

「請在一週內答覆，否則我方將予以婉拒。」

「請在今天內回覆，否則就當沒這回事。」

試著如此逼迫對方。只要這麼做，對方也會死心，認真作出答覆。

過了期限才說「好」，還是要拒絕

開始使用最後期限法之後，相信你會發覺，對方答覆的速度變快了，快到連自已都訝異：「為什麼以前要花那麼多時間？」

此外，儘管你已使用最後期限法，但也許有人會說：「不不不，今天要作出答覆實在沒那麼容易。」

這時，你一定得問他：「那您什麼時候能夠答覆呢？」

最後期限即「截止」的意思，必須逼他說清楚。要是對方回答說：「月底。」但到了月底卻沒有回覆，那就視為「NO」，當這件事沒發生過，一定要清楚劃分才行。

就算過了期限之後才得到「那件事OK了」的回覆，也要斷然回絕：「我們已將您的回覆當成『NO』處理了。」用強硬的態度告知他。

截止日不能過長，「帶點壓力的時間」最好

不過，使用「最後期限法」時，「截止期限」不能過長，否則無法迫使對方產生「期限日就快到了」的危機感。最好是以十分嚴苛的條件，如「馬上」或「今天

下午2點前」，要求對方回覆。

好比是手上握有人質的嫌犯，通常會要求「立刻」或「明天之前」把錢帶來，但絕對不會要求「下下個月之前」吧！不催促對方，就無法讓他感到「有壓力」。

「有效地帶給對方壓力」是最後期限法的目的，因此，千萬別將期限日定得太寬鬆，才能讓對方迅速決定。

Column 6

不懂就問，只要「發言」就會產生自信心

有事想問時，就要窮追不捨地詢問，千萬不要客氣。不管再怎麼愚蠢的問題，不斷開口發問總比默不吭聲要好。為什麼我們應該發問呢？原因是，**「越常發問，人會越有自信」**。

據說印第安那州技術研究所的維傑．基里博士針對約400名男女進行調查後發現，越是「常發問」的人，在自信測驗中的得分越高。有自信的人，多半是不在乎發問次數的個性。這種情形在年齡很小的孩子上也會出現。

「這是什麼？」

「那是什麼？」

懂得大量發問的孩子，將來不但聰明，而且會成為充滿自信的大人。

此外，我認為愛說話的孩子，將來也會很有前途。在演講或研討會上，當講師詢問：「有什麼疑問？」時，大部分的人幾乎都不會發問。難得有機會可以發問，會場卻鴉雀無聲。

別怕丟臉或錯誤，「敢問」才會有自信

開會時，主席問大家：「有什麼意見嗎？」大部分的人都不發一語。**不管再怎麼沒抓到重點，切記一定要養成「隨時開口發問」的習慣。為什麼呢？因為只要這樣做就能擁有「自信」。**

我們只要「發言」，就會產生自信心，什麼樣的內容都沒關係，**重點是要「開口說話」**。與外國人交談時，覺得自己「英文很破」，便不發言，結果變得越來越沒自信，絕大多數的人都有這個問題。

其實，不管英文有多菜，說出的句子支離破碎、完全不顧文法，也沒關係，總之，大膽開口說就對了，即便只是將單字堆疊成一句話，敢這麼做的人，通常看起

來都充滿自信。

當對方詢問：「有什麼疑問？」或「有什麼意見？」時，就是你陳述意見的機會，絕對不能放過。只要先聲明：「也許有點沒抓到重點……」，或「可能偏離了主題……」，基本上，任何事都最好說出口。

「保持沉默」的確不容易在人前出糗，但是一直默不作聲，個性會變得越來越害羞，對自己沒有自信，這絕對不是好事。別再沉默了，寧可做個能夠理直氣壯說出自己想法的人，也別被邊緣化。「提出你想問的問題」，才是最重要的事。

後記

「不敢說」沒有好處，「勇於表達」才是贏家

日本人的不善言辭，在國際上是公認的。（編按：台灣人也有相同的問題，根據統計，九成的人都不敢說出自己的意見，幾乎都要看別人的臉色決定是否要發問。）總之就是惜話如金，不願意發言。看似在思索什麼高深的哲理，卻又不肯說。

我在某國際會議上，還曾被主持人揶揄：「今天，我們就把讓日本人開口說話而讓美國人閉嘴，當作此次會議的目標。」

因為這個原因，日本人看起來「對所有會話都不拿手」。簡單地說就是「不太懂得說話的方法」，因而倉皇失措。就好比是被迫去玩連規則都搞不太清楚的運動，這種情況下，「輸了」可說是應該的。

只要靠「練習」，誰都能成為說話高手

看到這裡的讀者們，想必已學會許多說話的方法，接下來就是要不斷地實踐，逐漸增進自己的技巧。**就如同光記住規則並不能提升運動技能一樣，全心投入去做很重要。這麼一來，說話技巧就會迅速提升。**

其實，我跟各位讀者一樣，到現在都還在學習「說話的技巧」及「發問的能力」。因此，就讓我們共勉之，一起加油。

最後，我要向所有讀者致謝，真的謝謝你們。本書若能對大家產生助益，那將是我無上的幸福。最後，我由衷的感謝您閱讀本書，今後也請繼續愛護指教。

內藤誼人

Easy 輕鬆學 輕鬆學系列010

說服各種人的聰明問話術：

要什麼答案，就要知道怎麼問，日本最受歡迎的心理學家教你「誘導式問話法」，這樣問，全世界都聽你的

他人を動かす質問

作　　者	內藤誼人
譯　　者	鍾嘉惠
出版發行	采實文化事業有限公司 116台北市羅斯福路五段158號7樓 電話：（02）2932-6098 傳真：（02）2932-6097
電子信箱	acme@acmebook.com.tw
采實粉絲團	http://www.facebook.com/acmebook

總 編 輯	吳翠萍
主　　編	陳永芬
英文編輯	姜又寧
日文編輯	王琦柔
業務經理	張純鐘
業務助理	李韶婉・邱清暉
行銷組長	蔡靜恩
行政會計	江芝芸・賴芝巧
美術設計	行者創意
內文排版	菩薩蠻數位文化有限公司
插　　畫	夢想國工作室
製版・印刷・裝訂	中茂・明和
法律顧問	第一國際法律事務所 余淑杏律師

ISBN	978-986-6228-46-9
定　　價	260元
初版一刷	2012年09月28日
初版三刷	2012年12月24日
劃撥帳號	50148859
劃撥戶名	采實文化事業有限公司

國家圖書館出版品預行編目資料

說服各種人的聰明問話術：要什麼答案，就要知道怎麼問，日本最受歡迎的心理學家教你「誘導式問話法」，這樣問，全世界都聽你的／內藤誼人原作；鍾嘉惠譯. - - 初版. - - 臺北市：采實文化，民101.09　面；　公分. --（輕鬆學系列；10）譯自：他人を動かす質問
ISBN　978-986-6228-46-9（平裝）
1.溝通技巧　2.暗示
177.1　　　101015143

廣	告	回	信
台北郵局登記證			
台北廣字第03720號			
免	貼	郵	票

采實文化 ACME PUBLISHING 采實文化事業有限公司

116台北市文山區羅斯福路五段158號7樓

采實文化讀者服務部　收

讀者服務專線：02-2932-6098

他人を動かす質問

說服各種人的聰明問話術

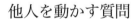

Easy to Learn

Easy 輕鬆學 系列專用回函

系列：輕鬆學010

書名：說服各種人的聰明問話術：要什麼答案，就要知道怎麼問，日本最受歡迎的心理學家教你「誘導式問話法」，這樣問，全世界都聽你的

讀者資料（本資料只供出版社內部建檔及寄送必要書訊使用）：

1. 姓名：
2. 性別：□男 □女
3. 出生年月日：民國 年 月 日（年齡： 歲）
4. 教育程度：□大學以上 □大學 □專科 □高中（職） □國中 □國小以下（含國小）
5. 聯絡地址：
6. 聯絡電話：
7. 電子郵件信箱：
8. 是否願意收到出版物相關資料：□願意 □不願意

購書資訊：

1. 您在哪裡購買本書？□金石堂（含金石堂網路書店） □誠品 □何嘉仁 □博客來 □墊腳石 □其他：____________（請寫書店名稱）
2. 購買本書日期是？_____年_____月_____日
3. 您從哪裡得到這本書的相關訊息？□報紙廣告 □雜誌 □電視 □廣播 □親朋好友告知 □逛書店看到□別人送的 □網路上看到
4. 什麼原因讓你購買本書？□對主題感興趣 □被書名吸引才買的 □封面吸引人 □內容好，想買回去做做看 □其他：____________（請寫原因）
5. 看過書以後，您覺得本書的內容：□很好 □普通 □差強人意 □應再加強 □不夠充實
6. 對這本書的整體包裝設計，您覺得：□都很好 □封面吸引人，但內頁編排有待加強 □封面不夠吸引人，內頁編排很棒 □封面和內頁編排都有待加強 □封面和內頁編排都很差

寫下您對本書及出版社的建議：

1. 您最喜歡本書的特點：□實用簡單 □包裝設計 □內容充實
2. 您最喜歡本書中的哪一個章節？原因是？
3. 您最想知道哪些關於自我啟發、職場工作的觀念？
4. 人際溝通、成功勵志、說話技巧、投資理財等，您希望我們出版哪一類型的商業書籍？